Raimu

DU MÊME AUTEUR

Les Châteaux du Cotentin (Ouest-France, 1979).
Traditions et Légendes en Normandie (Ocep, 1980; rééditions en 1981 et 1983).
La Poudre d'une roue (Les Prouvaires, 1980).
La Dame Blanche (Luneau-Ascot, 1980).
Terre de mémoire (Ocep, 1981).
Les Églises du Cotentin (Ouest-France, 1982).
Éclats (Les Prouvaires, 1983).
Rouen (J.-P. Gyss éditeur, 1983).

Participation aux anthologies
L'Humour des poètes (Le Cherche-Midi, 1981).
Les Plus Beaux Poèmes pour les enfants (Le Cherche-Midi, 1982).

Roman
Les Conquérants de la terre verte (Hermé, 1985).

Biographie
Danton, le tribun de la Révolution (Pierre-Marcel Favre, 1987).

Daniel Lacotte

Raimu

Éditions Ramsay
9, rue du Cherche-Midi
75006 Paris

ISBN 2-85956-702-X

Pour Dominique,
pour Guillaume et Mathilde.

« Ne pas se rendre au théâtre,
c'est comme faire sa toilette sans miroir. »

Arthur SCHOPENHAUER.

I

Jules-Auguste-César, fils de tapissier

Le jour se lève à peine sur le port de Toulon. Ce matin-là, un gamin de neuf ans pointe le nez sur le seuil de sa maison. Le voilà qui dévale la rue de l'Intendance[1] en courant.

C'est le petit Valentin Muraire, le fils du tapissier. « Vava », comme l'appelle sa maman. Il a l'air tout retourné. Et tellement fier en même temps...

Il file si vite qu'il manque de trébucher sur un pavé disjoint. Mais il retrouve son équilibre un instant compromis en faisant de grands moulinets des deux bras, puis continue sa course folle vers la vieille darse. Il lui tarde tant d'annoncer la nouvelle à ses copains ! Et quelle nouvelle ! En cette nuit du 18 décembre 1883, à 3 heures du matin, il lui est né un petit frère. Les services de l'état civil de la mairie de Toulon l'ont enregistré sous les prénoms de Jules-Auguste-César, fils de Joseph-Mucius-

1. L'actuelle rue Anatole-France.

Scaevola Muraire et d'Élisabeth-Joséphine, née Gouzian.

Jules, Auguste, César. Rien de moins... Et rien de plus toutefois, car il ne suffit pas à un Sagittaire de porter pareils prénoms pour hériter d'une couronne ou se tailler un empire, il s'en faut même de beaucoup. D'autant qu'un fils de tapissier...

Ce tapissier de père, d'ascendance italienne, est honorablement connu dans son quartier comme dans sa profession. Il excelle dans l'art du lambrequin et de la passementerie ornant les ciels de lit à baldaquin. La meilleure des clientèles se presse dans sa boutique, sise place de la Liberté. Il est même l'un des fournisseurs attitrés de la Royale. De quoi vivre à l'abri du besoin, sinon dans l'aisance bourgeoise. Nul doute que Joseph Muraire destine l'un de ses fils, peut-être même les deux, à lui succéder dans le métier.

Quelques années ont passé et Jules-Auguste-César, plus prosaïquement surnommé « Juju », a vite grandi. Trop conséquente, la différence d'âge interdit aux deux frères de jouer ensemble. Vava ne pense qu'à taquiner les filles et se donne des airs d'affranchi, tandis que Juju s'invente un monde bien à lui.

Pas plus que l'aîné, le benjamin des Muraire ne montre de dispositions pour les études ou le travail de l'étoffe. C'est qu'il a de tout autres préoccupations, et Mlle Acquaciatti, son institutrice, ne cesse de s'en plaindre à sa mère :

— Ah, ça ! Il est bien gentil, votre petit... Mais il ne pense qu'à découper des figurines dans ses livres d'images !

Maman Muraire baisse les yeux et ne dit rien. Le soir, à la maison, elle gronde un peu. Mais pas trop fort, car elle ne peut s'empêcher d'éprouver une vague préférence à l'endroit de Juju. Aussi, dès la première occasion — par exemple le jour de sa fête — lui offre-t-elle une jolie planche d'images d'Épinal. Toute une troupe de zouaves que Jules range bientôt en ordre de bataille, ou fait défiler comme à la parade.

Maintenant que ses doigts se délient, Jules ne se contente plus d'imaginer un décor à ses petits personnages : il lui faut le réaliser.

A l'aide de papier, de carton, de couleurs, de bouts de tissu, d'une paire de ciseaux et d'un peu de colle volés dans l'atelier paternel, le voilà qui construit des maisons, des châteaux forts, et même une sorte de théâtre miniature. Il frappe les trois coups sur son sabot et se raconte des histoires, jouant chaque rôle tour à tour, inventant mille et une péripéties et s'applaudissant même à tout rompre lorsque la séance est finie.

L'un des ouvriers-tapissiers remarque le manège, entre dans la confidence puis dans le jeu. Le petit Juju, il l'aime bien, et ses façons l'amusent. Pour lui faire plaisir, en cachette de son patron, il aide le garçon à confectionner une scène plus grande, dans les règles de l'art. Rien ne manque, ni le rideau rouge, ni le trou du souffleur, ni la rampe, ni le fronton.

Reste à trouver des marionnettes pour animer le spectacle. Pas question d'en acheter, c'est trop cher. Pour les visages, quelques bouchons coloriés feront l'affaire, et quelques chutes d'étoffe en guise d'habits.

Juju peut passer à l'action. Les idées se bousculent, la mise en scène s'organise.

Profitant de quelques jours de vacances forcées — il est exclu du lycée pour une semaine, en raison d'une insolence — Jules campe son théâtre sur la place Saint-Roch. A l'heure même où l'Arsenal libère ses employés, commence la revue des *Folies toulonnaises* (c'est ainsi que Jules a baptisé sa petite scène). Le sourire aux lèvres, les badauds s'attardent. Pour les retenir, le marionnettiste se démène, se multiplie, force ses effets. Les enfants battent des mains...

De fait, il ne remporte pas qu'un succès d'estime. Pour preuve, lorsqu'il a baissé le rideau et qu'il va tendre la main parmi les spectateurs, il recueille quelques sous.

Encouragé par cette première expérience, il remet ça le lendemain, puis le surlendemain. Entre-temps, la recette lui permet d'acquérir une demi-douzaine de marionnettes du plus bel effet, lesquelles renforcent encore la qualité du spectacle, qu'il finit par renouveler quotidiennement.

Mais une mauvaise langue, pour le plaisir du ragot, finit par avertir M. Joseph Muraire des fantaisies auxquelles se livre son fils cadet. Quoi ? Jules se donne en public ? Et non content de faire rire les gens, il a le front de demander l'aumône ? C'en est trop !

N'écoutant que son courroux, le tapissier marche à grands pas vers la place Saint-Roch, bien décidé à mettre un terme à tant d'effronterie, persuadé d'avoir à défendre l'honneur de son nom et la réputation de son commerce.

Il est parvenu sur la place. Un attroupement lui désigne le platane sous lequel le fils indigne joue sa farce. Il s'approche, tout en ayant bien soin de ne pas se montrer... Le spectacle touche à sa fin. Un instant plus tard, le rideau tombe.

Lorsque Jules paraît, les joues rouges et la main déjà tendue, son père se précipite sur lui et le cueille d'une gifle magistrale. Juju courbe l'échine, mais la colère paternelle ne se satisfait pas de si peu : il lui faut encore briser les *Folies toulonnaises*. Il éparpille les décors, les rideaux et les acteurs, piétine le tout d'un talon rageur.

Les derniers spectateurs s'en vont en haussant les épaules.

La colère de M. Muraire s'est à peine apaisée. Malgré les taloches et les sanctions qui n'ont pas manqué de s'abattre sur lui, le jeune garçon continue de caresser les mêmes rêves.

Placardées à tous les carrefours de Toulon, des affiches annoncent que le grand Polin[1] se produit dans la salle du Casino, boulevard de Strasbourg. Pour se consoler de la disparition de son théâtre de marionnettes, Jules décide d'aller l'écouter. Il lui reste quelques sous de la recette des *Folies toulonnaises*. Suffisamment pour s'offrir une place au promenoir du café-concert.

C'est une véritable révélation. Avec son petit képi, sa culotte rouge, sa veste étriquée et son grand mouchoir à carreaux, le comique troupier fait un tabac. Quand la salle n'étouffe pas de rire, elle reprend en

1. Pierre-Paul Marsalès, dit Polin (1863-1927), célèbre interprète de *La Petite Tonkinoise* et *L'Ami Bidasse*.

chœur les refrains du chanteur. Au sortir du Casino, tout ébloui par tant de talent, de fausse naïveté et de drôlerie, Jules consacre ses dernières pièces à l'achat de ses chansons.

Quelques jours plus tard, ce sont les vacances. M. Muraire conduit alors son épouse et sa progéniture dans l'arrière-pays de Toulon, où il a acquis une jolie maison de campagne. A peine arrivé, le tapissier repart pour Marseille, Lyon et Paris, laissant là sa famille sous le prétexte de visiter ses fournisseurs et d'effectuer son réassortiment (en fait pour courir les jupons).

Aussitôt que le bonhomme a le dos tourné, Valentin s'en retourne à Toulon et Jules peut donner libre cours à sa passion. Il apprend par cœur le répertoire de Polin, répétant de mémoire ses mimiques et son jeu de scène.

Pour parfaire l'imitation, il lui faut encore endosser le costume du comique; un rideau défraîchi fournit le tissu du pantalon militaire et il rajoute une visière en carton à un vieux chapeau pour faire le képi. Après avoir teint en jaune les boutons de sa veste, Jules annexe le pavillon du billard, une maisonnette que son père a luxueusement aménagée pour recevoir d'éventuels invités.

Fin prêt et sûr de lui, Juju convie les jeunes gens des environs à assister au spectacle. Devant cet auditoire restreint mais tellement bienveillant, il donne tout à la fois sa couturière, sa générale et sa première.

Il saute sur le tapis vert de la table de billard (heureusement protégé d'une couverture), enfile chanson après chanson, joue le niais, se contorsionne, multiplie les grimaces. Sa voix enfle, tonne, puis se radoucit brusquement, se transforme en murmure. Les yeux sont mi-clos; un sourire de grand benêt s'empare du visage; la langue est presque pendante. Le public s'esclaffe.

Le mouchoir s'agite, un clin d'œil, et c'est reparti pour un tour.

Lorsque le numéro s'achève, les spectateurs ne comptent ni leurs applaudissements ni leurs félicitations. Jules Muraire se rengorge. Cette fois-ci, c'est bien décidé. Il y croit. Il fera carrière dans le music-hall (prononcer « music-halle »). Après tout, Mayol[1] n'est-il pas un enfant du pays ? Et un autre fils de tapissier, Jean-Baptiste Poquelin, n'a-t-il pas brûlé les planches sous le nom de Molière ?

Et puisqu'il faut un nom de théâtre, celui de Jules sera Rallum. Ça sonne comme Dranem et Barnum.

Mais voilà, ça ne sonne pas pour autant dans l'oreille paternelle. Le jeune Jules s'en rend compte un peu plus chaque jour. Désormais, pas un dîner ne s'achève sans que Joseph Muraire ne prenne, avec insistance, des nouvelles de la santé scolaire de son fils. Ce qui ne manque d'ailleurs pas d'agacer Jules. D'autant que son aîné, Valentin, est toujours donné en exemple :

— Ton frère au moins, il travaille à l'école, lui !

Le père Muraire a prévenu Jules à plusieurs reprises :

1. Chanteur de caf'conc', Félix Mayol est né à Toulon en 1872. Son toupet blond et le brin de muguet qu'il porte à la boutonnière sont déjà célèbres.

— Si ça continue, tu ne remettras plus les pieds au lycée. Je ne me saignerai pas aux quatre veines bien longtemps pour rien.

Dans son esprit, les jeux sont faits. Mûrement réfléchie, ou plus exactement frappée du plus pur bon sens, la décision est prise. Il consentira encore quelques efforts financiers pour permettre à Valentin de poursuivre ses études. « Il fera du droit », a un jour tranché Joseph qui rêve pour son fils aîné d'un bon métier dans une banque ou chez un notaire.

Quant à Jules, ses résultats tournent manifestement au désastre. Il quittera donc le lycée. Maman Muraire tente bien d'intervenir timidement :

— Tu sais, en ce moment, le petit est un peu fatigué, c'est la croissance...

Peine perdue.

Un soir, alors que la petite famille termine tranquillement de dîner, le tapissier pose un regard sévère sur Jules :

— Il me faut quelqu'un pour me seconder. Et surtout pour me succéder. Ce sera toi. Dès demain, je vais demander à l'un de mes ouvriers de t'apprendre le métier. Tu verras, tu seras imbattable dans l'art du capiton.

Jules, tassé sur sa chaise ne trouve évidemment rien à redire. D'autant que son père ponctue le propos par une mise en garde sans appel :

— Ah ! tu voulais faire le saltimbanque. Tu voulais faire le pitre pour amuser des imbéciles... N'y compte pas, il n'y aura pas de saltimbanque dans la famille.

Ce ne sont pas propos en l'air. Le lendemain de ce pénible dîner, Jules-Auguste-César commence son apprentissage avec l'ouvrier qui, pure coïncidence, l'avait aidé à monter son théâtre de marionnettes. Plus que tout autre, il est parfaitement convaincu : ce garçon n'est pas fait pour le métier que son père veut lui imposer.

Jules s'efforce de donner le change pour ne pas compliquer les choses, mais il n'a qu'une hâte : sortir de l'atelier, courir vers les darses pour retrouver les copains, retourner au Casino et inscrire son nom à l'affiche.

A mesure que le temps passe, il met moins de cœur à l'ouvrage. D'autant qu'il n'est pas payé. Joseph Muraire se plaint sans cesse que ses clients tardent à le régler, quand ils honorent leurs factures...

Jules saisit là l'occasion de prendre le large et de se rendre utile tout en gagnant quelque menue monnaie. Il se propose en effet de relancer les récalcitrants en leur rendant visite. Ceci moyennant un faible pourcentage sur les sommes récupérées.

Sans trop y croire, le tapissier veut bien tenter l'expérience. Il n'a rien à perdre et tout à y gagner.

Très vite, Jules se révèle un excellent encaisseur. A force d'insister, de prendre sa grosse voix, mais aussi à force de patience et de ruse, il parvient à convaincre les réticents d'ouvrir les cordons de leur bourse. L'argent rentre dans les caisses du magasin.

Une juste part en revient à celui qui l'a récoltée. Par ailleurs, maintenant que son fils se rend utile, M. Muraire ne peut que consentir à lui lâcher un peu la bride.

Le jeune homme en profite pour fréquenter de plus en plus assidûment les salles de spectacle. Chaque numéro et chaque tour de chant auxquels il assiste le renforcent dans la conviction qu'il peut faire aussi bien. Peut-être même beaucoup mieux. Et tous les soirs, inlassablement, devant un petit miroir, il répète les airs et les mimiques qui les accompagnent.

Et puis Jules se lance. Oh ! bien timidement. Il fait ses débuts dans des petits caf'conc' où se produisent des amateurs, le samedi soir et le dimanche après-midi. Débuts bien modestes, mais « Rallum » fourbit ses premières armes. Le public n'est pas trop exigeant.

Le reste de la semaine, Rallum redevient Jules Muraire, encaisseur et digne fils de Joseph le tapissier.

II

Le forfait de Fortuné

Les petits caf'conc' et les spectacles d'amateurs ne satisfont bientôt plus Rallum. Ce qu'il veut, c'est affronter un vrai public, sur des scènes dignes de ce nom, travailler en professionnel et toucher des cachets... de professionnel.

Pour sauter le pas, il a besoin d'un tremplin. Et ce tremplin, c'est le Casino. Mais qui dit Casino dit M. Lange Pellegrin, efficace directeur de l'établissement toulonnais. Jules s'arme de courage. Et il l'aborde un soir, juste après le baisser de rideau.

Pellegrin toise le jeune garçon. Son audace l'a plutôt favorablement surpris. De surcroît, il lui trouve une mine avenante et décidée. Il convie donc Jules à le suivre dans son bureau.

Longue traversée des coulisses encombrées d'objets hétéroclites et de décors grossièrement peints, récupération au passage du régisseur et de l'accessoiriste, et les voici tous les quatre dans l'imposant bureau directorial. Là, nullement impressionné, Rallum n'y va pas par quatre chemins :

— Je voudrais être engagé. Je sais faire le tourlourou[1] et je connais par cœur tout le répertoire de Polin.

Pellegrin propose alors à Jules de leur donner un petit échantillon de son « talent ». Rallum se jette à l'eau. Et s'en sort plutôt bien. Transpirant d'émotion, il attend le verdict de cette audition improvisée.

— C'est pas mal petit, laisse tomber Pellegrin.

Et il ajoute :

— Je te prends à l'essai pour une semaine. Tu auras trois francs pas soirée. Tu commences demain.

Bonne ambiance, ce vendredi soir au Casino. Bon public. Rallum a procédé, dans l'après-midi, à d'ultimes répétitions devant la glace de sa chambre et, quand vient le moment de paraître en scène, il part gagnant.

Et termine battu. Un vrai bide. Il s'est pourtant démené, il a imité à merveille le grand Polin, seulement voilà il n'est pas le grand Polin. Tous les spectateurs font un redoutable rapprochement. Des sifflets fusent; à la fin de la prestation du malheureux Rallum, quelques tomates bien mûres atterrissent sur les planches avec un bruit mat. Les larmes aux yeux, il s'enfuit dans les coulisses où l'attend Augustin, le régisseur.

— C'est raté, petit. Pas la peine de revenir demain. Vaut mieux te faire oublier un peu. Tiens, voilà deux francs.

---

1. Personnage militaire, naïf et comique, créé par Ouvrard père en 1876. Fantassin à l'origine, Polin en fait un cavalier.

Malgré son désarroi, Jules proteste énergiquement :

— M. Pellegrin m'avait dit trois !

— Oui, mais j'en retiens un pour le nettoyage.

Jules ne se laisse pas décourager pour si peu. Il insiste même tant et si bien que Lange Pellegrin, bon bougre, finit par céder. Mais au Casino, Rallum se contentera désormais de faire de la figuration dans un spectacle dont un certain Augé tient la vedette.

Par un très mauvais calembour, bien dans la manière de l'époque, ce spectacle s'intitule *Aiglons-nous les uns les autres*. Une allusion à *L'Aiglon*[1], ce drame d'Edmond Rostand qui rencontre alors, à Paris, un immense succès populaire. Rallum n'y a qu'un rôle fort modeste. En costume de hallebardier, il ne prononce, en tout et pour tout, que deux répliques : « Oui chef » et « J'y vais de ce pas ».

Mais ce modeste emploi lui donne l'occasion de se lier avec un autre figurant, Félicien Tramel (de son vrai nom Félicien Martel). Toulonnais comme lui et de quatre ans son aîné.

Dans la journée, Tramel travaille à l'Arsenal, le soir au Casino. Et tout comme Rallum imite Polin, il s'est fait une spécialité de parodier Mayol.

Rallum et Tramel décident de s'associer. Ils montent ensemble un vaudeville burlesque de Labiche, *Les Trente-Sept Sous de M. de Montaudon*... qui ne leur rapporte guère davantage. Après cet échec, les deux amis se séparent.

---

1. Joué par Rosine Bernard, dite Sarah Bernhardt.

Ces débuts ingrats ne peuvent nourrir son homme. Et puisque Joseph Muraire a coupé les vivres à son saltimbanque de fils, il faut bien que celui-ci trouve un moyen de subsister. Alors, Jules quitte sa ville natale, se rend dans la station thermale d'Aix-les-Bains, s'habille en « gommeux ». Veston aux épaules tombantes et pantalons tirebouchonnés, il travaille au cercle du casino. Tour à tour comme changeur puis comme croupier. La saison achevée avec l'hiver, il gagne Nice et occupe les mêmes emplois dans les établissements de jeux.

Il s'en lasse, écrit à son frère Valentin, devenu marchand de sel à Marseille, et lui demande de l'accueillir. « Vava » accepte, et Jules va travailler dans son échoppe pendant près d'un an.

Le soir venu, mains dans les poches, il fait le tour des salles de spectacles, s'attarde à l'Alcazar, le plus populaire des caf'conc' de la ville avec son fabuleux décor mauresque, devant le Capitole, l'Odéon, l'Alhambra, le Palais de Cristal... Un univers fascinant. Un monde à conquérir...

Vendre du sel c'est bien, mais ça n'en met guère dans l'existence. Jules s'ennuie. Il veut retourner à ses premières amours. Là où d'autres réussissent à creuser leur trou, pourquoi pas lui ?

Le trou de Rallum sera celui du souffleur, à l'Alhambra de Marseille, place Sadi-Carnot.

Avec le XXe siècle qui commence, il entame une nouvelle carrière. Certes, souffler n'est pas jouer, mais c'est mieux que rien. Ce trou au fond duquel Jules Muraire se terre ne constitue-t-il pas le meilleur des points de vue qu'on puisse imaginer ? Le souffleur n'est-il pas, à proprement parler, à la première loge ?

Non seulement il assiste gratis aux spectacles de l'Alhambra, mais il est payé pour le faire. Et ce n'est pas tout. Rallum peut tout à loisir étudier de près les jeux de scène et les expressions des comédiens, découvrir les ficelles et les ressorts de l'art dramatique. A force de les souffler, il connaît les textes par cœur, ce qui est un excellent exercice pour la mémoire.

A son insu, le petit souffleur se trouve à la meilleure école qui soit. Les vedettes du jour, les seconds couteaux, les faire-valoir, les simples figurants défilent devant son poste d'observation et lui donnent sans le savoir les plus profitables leçons, montrant ce qu'il faut faire et surtout ce qu'il ne faut pas faire.

Et jour après jour, spectacle après spectacle, Jules voit tout, entend tout, enregistre tout. Son futur métier d'acteur, c'est ici, à l'Alhambra, et à l'âge de dix-sept ans, que Raimu l'aura appris.

Voilà maintenant plusieurs semaines que Jules-Auguste-César passe de longs moments dans cet espace restreint d'où l'on pallie les défaillances des comédiens. Il s'y sent un peu à l'étroit, même s'il ne s'y déplaît pas.

Le Voyage en Suisse est à l'affiche et l'Alhambra ne désemplit pas. Tout le monde se frotte les mains jusqu'à ce que — catastrophe ! — Fortuné Arnaud, dit Fortuné Aîné[1], déclare forfait pour cause d'indigestion.

---

1. Par opposition à Fortuné Cadet, son frère.

D'une part, aucune doublure n'a été prévue et il n'est pas pensable que quelqu'un apprenne le rôle du malade en une heure de temps. D'autre part, aucun spectacle n'est prêt à remplacer *Le Voyage en Suisse* au pied levé.

La situation est sans issue. Il va falloir se résoudre à rembourser et à fermer l'Alhambra au moins pour un soir. Des coulisses aux guichets, en passant par les vestiaires, c'est la consternation. Le directeur se désespère. Il annonce la nouvelle à Jules qui vient juste d'arriver. « La belle affaire ! Moi, votre Fortuné, je peux vous le remplacer... Son texte, je le connais par cœur ! » rétorque fièrement le souffleur. Pellegrin, interloqué, reste un instant sans voix. Certes, il y a un peu de malice et de provocation dans le propos de Jules, mais il y a surtout une énorme évidence. Ce bref échange place le directeur de l'Alhambra devant une délicate alternative : ou bien abandonner la recette de la soirée, ou bien faire confiance à Jules.

Finalement, Pellegrin décide de prendre le risque : « Tope-là, Jules ! Et je double tes gages ! » Mais Jules ne se contente pas de cette largesse. Il remplace Fortuné, il exige donc le cachet de Fortuné ! Et le patron du théâtre doit se soumettre aux exigences de son souffleur.

Bien en a pris au directeur de l'Alhambra. Rallum tint ses promesses au-delà de toute espérance. Non seulement il a sauvé le spectacle d'un désastre, mais il s'est presque montré l'égal de Fortuné Aîné.

Pellegrin se félicite d'autant plus de sa décision que Fortuné reste alité plusieurs jours durant. Et chaque soir, avec un pareil bonheur, Jules Muraire le supplée. Jusqu'au jour où Fortuné, définitivement rétabli, reprend la place qui lui revient.

Sans aucune mauvaise grâce, Rallum lui rend la vedette. Mais il ne consent pas à regagner son trou pour autant. Il a pris l'habitude d'être *sur* les planches, et il ne veut pas retourner *dessous*, ainsi qu'il le répète à l'envi. On accède à sa demande. Jules fait partie de la nouvelle revue, qui alterne rengaines et pantomimes. Il chante *La Mort du singe, Sous les toits, Robert Macaire, Bertrand,* et s'en tire plutôt bien.

Puis il est engagé dans une troupe, les Lauri-Lauri, avec laquelle il part en tournée dans le Midi et en Afrique du Nord.

C'est pendant qu'il se produit de l'autre côté de la Méditerranée que Jules apprend, par un télégramme de sa mère, le décès de son père. Élisabeth-Joséphine ne s'en cache pas : elle est aux abois. Son tapissier de mari ne lui a laissé que des dettes. Les créanciers, chaque jour plus nombreux et pressants, la forcent à tout vendre, la « campagne Muraire » et le pavillon du billard, le fonds de commerce de la place de la Liberté, comme la plus grande part de son mobilier.

Lorsque toutes les dettes sont éteintes, il ne reste plus rien pour vivre. Maman Muraire doit même quitter l'appartement de la rue de l'Intendance, devenu trop grand et surtout trop coûteux pour elle.

Quant à Valentin, il marche sur les traces de son père; aussi panier percé que lui, il ne peut rien ou presque pour aider sa mère dans la difficulté. Désormais, Rallum partage ses cachets avec elle. Et ces cachets, même s'il les multiplie, n'ont vraiment rien de mirobolant.

A quelques semaines de là, les Lauri-Lauri reviennent à Nice pour jouer à l'Eldorado. Mais la troupe doit aussitôt se disperser, un malfaisant étant parti avec la caisse.

Entre-temps, Rallum a retrouvé son vieux complice du Casino de Toulon, Félicien Tramel. Ensemble, ils rejouent les tourlourous et montent quelques saynètes (on dirait aujourd'hui sketch), dont *A la chambrée*. Puis, à Marseille, Jules fait la connaissance de Frémy, autre comique troupier. C'est avec lui qu'il compose un nouveau numéro de duettistes militaires, lequel s'intitule *Les Trouffonneries de l'armée*.

Pour des raisons obscures — peut-être parce qu'il pressent que sa carrière va prendre un tournant — Rallum devient Raimu en inversant les deux premières syllabes de son nom civil (Muraire).

Frémy, comme Raimu, n'aime rien tant que faire des calembours; leur public en est d'ailleurs friand. Aussi, après avoir chanté :

Elle me plut,
Nous nous plurent
D'oignon
Et aïe donc
Cupidon,

ne craignent-ils pas d'ajouter :

— J'en frémis...

— Et moi, j'ai l'air ému...

Rallum, vite oublié, cède la place à Raimu. Un jeune homme à la mine avenante, au regard sombre et expressif, au cheveu noir bien plaqué. Un masque déjà marqué, une forte corpulence avec des promesses d'obésité. On commence à l'apprécier; sa voix puissante coule la phrase, donne de la succulence aux syllabes; les intonations justes et naturelles, enrichies de l'accent méridional, d'« une pointe d'ail » servent un jeu simple, plein d'une bonne humeur qui ne cherche pas à faire de volume.

Les propositions se succèdent, les petits cachets se font plus conséquents. Maman Muraire n'a plus trop de soucis à se faire.

Son fils se lance dans un tour de France fort instructif quant à son impact sur les amateurs de pièces amusantes et de tout repos. Il fait une halte assez longue à Grenoble pour se produire dans *Teuf Teuf Crack Fort et Compagnie*, constate avec plaisir que son nom commence à prendre de l'ampleur sur les affiches et choisit Toulouse pour dernière étape. Le « grand premier comique de la troupe de vaudeville » présente quelques-uns de ses meilleurs rôles au théâtre des Nouveautés. Séduit, le directeur l'engage comme vedette et, insigne honneur, comme administrateur. Il y reste trois ans.

En 1904, il est pris au Palais de Cristal de Marseille. En 1905, un influent producteur franco-britannique, Xavier de Courville, lui propose un contrat pour l'Hippodrome de Londres. Début d'une carrière internationale ? Non, Raimu décline cette offre, pourtant fort alléchante. Il ne parle pas l'anglais. Et avec son « assent »...

Peu importe, puisqu'il a beaucoup à faire au Palais de Cristal. On y donne des fantaisies qui sont prétextes à faire danser ou défiler des jeunes femmes aussi jolies que vêtues d'une façon coquine... Rien qu'en 1906, Raimu joue dans une dizaine de spectacles. Leurs titres, plutôt suggestifs, se passent aisément de commentaires : *La Réception de Périoulos, Libre échange, Voyage d'amour, L'Enlèvement en automobile, Le Complet marseillais, Bouton de Culotte, Pour Mademoiselle, Le Jeu de l'Amour et du Houzard, Polu chez les Cocottes.*

Si le programme n'est pas très relevé, Raimu trouve ici l'occasion de rencontrer beaucoup de jeunes talents, promis comme lui à un bel avenir. Ainsi, le 19 février 1907, dédicace-t-il sa photo à l'intention d'un certain Maurice Chevalier, « mon franc copain ».

Raimu n'a lui-même que vingt-quatre ans. Une coupe de cheveux presque rase, un embonpoint qui se précise, une élégance discrète le caractérisent. Assortis d'une grande assurance.

Il restera au Palais de Cristal trois ans encore. En janvier 1909, il se produit dans *Nuit de bonheur*, en décembre dans *Les Filles de Barazin*. Au début de l'année 1910, petit intermède au music-hall des Allées, avec *Raimu chez les baigneuses*, une bouffonnerie en un acte dont le titre à lui seul indique un commencement de notoriété.

Puis le journal *Massilia* signale, en date du 1er février, *Le Gigolo de la Reine* (« Une amusante fantaisie mise en valeur par le burlesque du joyeux Raimu dans le rôle de Godasse, le gigolo »). Quinze jours plus tard, c'est de nouveau *Nuit de bonheur* (« Dans le rôle de Bignol, Raimu est d'un comique irrésistible »).

Après une courte tournée en Belgique, il marque une étape en Avignon. La divette Esther Lekain fait recette à l'Alcazar de Marseille. Il la remarque et ne manque pas de lui rendre visite dans sa loge.

— On m'a dit beaucoup de bien de vous, dit Esther. Il paraît que vous êtes amusant et que vous possédez une voix qui porte loin. C'est tant mieux. Mais laissez-moi vous donner un bon conseil : vous avez fort mal choisi votre nom de scène, il est impossible à retenir. Croyez-m'en, oubliez Raimu, sauf à ne jamais vous faire connaître au-dessus de la Loire...

accepte à l'Hôtel de Marseille. Une remarque et ne [illegible] pas de lui rendre visite dans la jour[illegible]

— On m'a dit beaucoup de bien de vous, dit [illegible]. Il paraît que vous êtes ambitieux et que vous possédez une voix qui porte loin. C'est tant mieux. Mais laissez-moi vous donner un bon conseil : vous avez fort mal choisi votre nom de scène. Il est impossible [illegible] de publier [illegible], sans [illegible] jamais vous faire connaître au-dessus de la Loire...

III

Réjane sourit à Raimu

Les années 1900... Plus tard, on qualifiera cette période de Belle Époque. Tous ne l'ont pourtant pas vécue comme telle. Mais chacun s'empresse cependant d'oublier les sombres moments pour ne retenir que les exploits des uns, les extravagances des autres et, finalement, pour montrer un bel optimisme.

Le Tout-Paris s'est jeté à corps perdu dans un tourbillon de galas, de bals, de raouts, de garden-parties, de grandioses réceptions. Pourtant, l'expansionnisme colonial français se heurte aux ambitions allemandes. Et le 1er juillet 1910, la question du Maroc envenime les relations entre les deux pays au point que l'on paraît tout près de la guerre. Mais, comme pour conjurer ce malheur inévitable ou, plus simplement, afin de profiter de la vie tant qu'il en est encore temps, les gens s'amusent.

Les cabarets de la capitale affichent complet. Dans les plus luxueux, les millionnaires du monde entier semblent s'être donné rendez-vous. Les princes russes se pressent chez *Maxim's*. De somptueuses fêtes se donnent ici ou là. Par exemple, pour célébrer l'anniversaire de sa femme, Boni de Castellane a convié trois mille personnes au Bois de Boulogne.

Quant aux grandes cocottes et aux vedettes du spectacle, dans un tel environnement, elles tiennent bien sûr le haut du pavé. Elles ont pour nom Émilienne d'Alençon, la belle Otéro, Liane de Pougy, Ève Lavallière, Régine Flory, Sarah Bernhardt et Réjane.

Chez les hommes, Dranem, Coquelin Cadet, Lucien Guitry, Rip, Max Dearly sont au faîte de la célébrité. Et surtout Mayol.

Très tôt orphelin, Félix Mayol a été élevé par son oncle. Comme le père de Raimu, ce tuteur a tout fait pour contrarier la vocation de son neveu, allant jusqu'à le placer à l'hôtel du Louvre comme marmiton.

C'est en mai 1892, à vingt ans, que Mayol monte pour la première fois sur les planches. Trois années plus tard, il est engagé au Concert parisien. Le cinématographe balbutie, à Marseille, essentiellement à l'Excelsior et au Joliette Cinéma.

Mais au Concert parisien, donc, la rondeur souriante et l'étonnant jeu de main de Mayol font merveille. Sans parler de sa voix, de sa houppe et de son éternel brin de muguet qui contribuent également à lui apporter aussitôt un immense succès.

En 1898, Mayol quitte le Concert parisien pour la Scala puis pour l'Eldorado, part en tournée à Bruxelles et Genève. Le public lui réserve un égal triomphe. Ses chansons, parmi lesquelles *Embrasse-moi Ninette, A la cabane Bambou, Elle est épatante cette petite femme-là, A la Martinique, Elle vendait des p'tits gâteaux* et *Mains de femmes* sont sur toutes les lèvres.

Avec le « tube » de l'époque *Viens Poupoule*, Mayol gagne une véritable fortune. Il peut mener grand train. Chaque représentation qu'il donne lui rapporte, dit-on, près de cent louis. C'est dire qu'en un mois, il est plus riche que n'importe quel ministre en une année de pouvoir.

Revenu au Concert parisien, il l'achète en 1910, le fait rénover à grands frais et le rebaptise « Concert Mayol ». Reste à constituer une troupe digne de ce nom sans pour autant engager des acteurs susceptibles de lui porter ombrage, puisqu'il se réserve la vedette de ses revues.

> *J'avais besoin de bons artistes, et ceux-là, je savais où les prendre, dira plus tard Mayol*[1]*. Il se trouvait alors dans le Midi une quantité de comiques, de diseurs dont on avait coutume de dire qu'ils "ne pouvaient pas dépasser Lyon".*
>
> *Encore en possession de leur magnifique accent méridional dont ils n'avaient jamais pu se défaire, ils rayonnaient de Menton à Biarritz et de Limoges à Lyon tout au plus. Mais là, par exemple, ils étaient à leur affaire : on les connaissait, on les aimait! De ce nombre étaient mes concitoyens Tramel et Raimu, ainsi que Sardou, avec qui j'avais par ailleurs des liens de parenté. [...]*
>
> *La venue de cette première troupe n'avait pas laissé d'effarer quelque peu les gens de métier. Bientôt, certains professionnels affectèrent, non*

1. *Mémoires* recueillis par Charles Cluny, Louis Querelle, 1929.

> *sans une pointe de dédaigneuse ironie, d'appeler le Concert Mayol le "Concert du Midi". Du Midi ou non, la maison ne se tint pas plus mal qu'une autre, et ceux qui furent appelés à en faire l'ouverture ne tardèrent pas à gravir, avec une fougue toute méridionale, les plus hauts échelons du succès.*

Voilà donc Raimu qui, en 1910, monte à Paris. Mayol, sa première grande rencontre, lui offre vingt francs par jour pour jouer le rôle de Goujard dans une fantaisie militaire — une de plus — d'Yves Mirande et Abel Hermant intitulée *C'est solide.* Tramel joue le commandant, et Valentin Sardou (papa, depuis février, d'un petit Fernand Sardou), le « cuisinier très sale » en imitant le Pétomane plus souvent qu'à son tour. En seconde partie du spectacle, c'est Mayol lui-même qui monte sur scène afin d'effectuer son tour de chant, profitant de l'occasion pour créer *Cousine.*

L'inauguration du Concert Mayol et la première de *C'est solide* coïncident le 8 septembre 1910. Toute la critique doit bien l'admettre, la greffe parisienne des « comiques à l'huile »[1] a bien pris. Et parmi tous ces comiques, il en est un qui s'est particulièrement distingué : il s'agit de Raimu lui-même. Pierre Brisson, le célèbre critique, écrit dans les colonnes du *Temps* :

> *Monsieur Raimu ne doit pas végéter au café-concert, il a maintenant sa place au Boulevard.*

Ce qui est pour le moins de bon augure.

1. Par allusion à l'olivier, arbre provençal par excellence!

Peut-être jaloux de ce succès, et en même temps pour le retenir dans son écurie, Mayol ne manque pas une occasion de faire remarquer à son jeune poulain :

— N'oublie pas que sans moi, tu ne jouerais pas à Paris...

Ce à quoi Raimu finit par lui répliquer :

— J'y serais venu de toute façon, mon cher Félix ! L'année prochaine ou l'année d'après...

Après *C'est solide*, Raimu joue dans *On opère sans douleur* puis, en janvier 1911, dans *Une revue chez Mayol* de Paul Marinier, Deyrmon et Léo Lelièvre. Puis la troupe des « comiques à l'huile » éclate. Tramel quitte le Concert Mayol pour le Casino de Paris et les Folies-Bergère, Valentin Sardou repart pour l'Alcazar de Marseille et Raimu est engagé en Avignon pour le rôle d'Eugène dans *L'anglais tel qu'on le parle*, de Tristan Bernard. Mayol les remplace par d'autres « Marseillais » tels que Andrée Turcy, Louis Rollin, Audiffred, Auguste et Léo Mouriès.

Raimu ne s'éloigne pas longtemps de la capitale; en octobre, c'est à la Cigale, un music-hall très en vogue du boulevard Rochechouart, qu'il fait sa rentrée à Paris.

La Joconde, le plus célèbre tableau du monde, vient d'être volée au musée du Louvre, plongeant la police et la population dans la stupeur. L'événement vaut à Raimu de faire l'une des compositions les plus étonnantes de sa carrière, puisque c'est Mona Lisa elle-même qu'il incarne dans *Elle a l'sourire*, aux côtés de Paul Clerc et André Brulé.

Cette double réapparition, celle de la Joconde et celle de Raimu, fait sensation. Tout Paris se presse à la Cigale pour l'applaudir. Jusqu'à la grande Réjane[1] qui vient voir le phénomène. A la fin du spectacle, elle demande même à rencontrer « ce bon monsieur Raimu. »

André Brulé se charge d'annoncer l'incroyable nouvelle à son complice.

— Jules, es-tu bien assis ? Quelqu'un demande à te voir... Réjane. La grande Réjane !

La tête de Raimu se penche légèrement de côté, ses sourcils se froncent et il agite en direction de son ami une main droite menaçante. Mais comme André Brulé insiste, Raimu se lève après un court instant d'hésitation. Et, sceptique, il lui lance un théâtral :

— Dis-lui toujours d'entrer !

Le jeune André Brulé, fébrile, ouvre la porte et s'incline devant l'inoubliable interprète d'*Amoureuse*, de *Germinie Lacerteux* et de *Madame Sans-Gêne*.

Réjane salue chaleureusement Raimu qui, intimidé, ne sait que bafouiller de vagues remerciements. Mais l'actrice enchaîne aussitôt avec autorité :

— Laissez-moi vous dire que vous perdez votre temps dans le genre de spectacle que j'ai vu ce soir. Car vous méritez beaucoup mieux... Passez donc me voir dans ma loge, un de ces prochains jours. Nous essaierons de trouver un rôle à votre mesure dans l'une de mes futures pièces...

Sans s'attarder aux propos de Réjane, Raimu récidive à la Cigale, où il chante dans *Midi à quatorze*

1. De son vrai nom Gabrielle Réju.

heures en compagnie de Nina Myral et Maurice Chevalier, puis dans *Non... mais*, en 1913, avec Régine Flory, Max Dearly et encore Maurice Chevalier. Laisserait-il passer sa chance en se complaisant dans des rôles de pitre, des farces un peu lourdes à l'humour facile ?

A vrai dire, le théâtre sérieux — du moins tel qu'on le conçoit à cette époque — ne paraît pas être fait pour lui. Ce théâtre-là est par trop sentencieux, amphigourique et compassé pour que sa nature tellement joviale et généreuse y trouve sa place.

Le cinéma lui-même n'a rien de très intéressant à lui proposer. Il y a fait ses débuts, quelques mois plus tôt, en tournant dans *L'Homme nu*, réalisé par Henri Desfontaines, avec Louise Willy et Bacqué. Un bout de pellicule qui ne laissera pas trace dans l'histoire du film, et qui convainc Raimu que le cinéma n'est encore qu'un genre mineur.

Et puisque le Boulevard ne veut décidément pas de lui pour l'instant, Raimu, en attendant son heure, se laisse tenter par un passage aux Folies-Bergère. Il chante, il danse et il mime aussi. Début 1914, il est engagé dans la revue du théâtre des Champs-Élysées. Comme chaque fois, il s'y taille un beau succès. Pourtant, Raimu semble tourner en rond.

Il faut bien vivre. Comme maman Muraire est toujours à sa charge, Raimu ne peut se payer le luxe de refuser le plus petit cachet. Aussi accepte-t-il, au printemps 1914, de tourner un deuxième film : *L'Agence Cacahuète*, de Roger Lion. Pas plus que *L'Homme nu*, ce nouvel essai ne restera dans les mémoires. Mais tant pis...

A Paris, on n'a plus que le mot guerre à la bouche.

L'Europe n'est désormais qu'un baril de poudre que la moindre étincelle peut faire exploser. Le 15 juin 1914, Mayol trouve le moyen de fuir cette irrespirable atmosphère en allant inaugurer la villa et le théâtre de verdure qu'il a fait construire au Cap-Brun, à l'est de la grande rade de Toulon. Raimu, qui est resté en bons termes avec Mayol, lui emboîte le pas. Il en profite pour aller se retremper dans sa Provence natale, rendre visite à sa mère et oublier un peu le parler pointu.

Le soleil aidant, Raimu se laisse bien vite gagner par l'optimisme. Hélas ! une euphorie bien brève, puisque d'un coup, le monde bascule dans l'horreur. Le 28 juin 1914, un jeune terroriste serbe, Gavrilo Princip, assassine à Sarajevo l'archiduc François-Ferdinand d'Autriche. Le ressort d'un effroyable mécanisme politico-militaire se détend. L'Autriche déclare la guerre à la Serbie le 28 juillet. Dès le lendemain, la Russie mobilise. L'Allemagne lui déclare la guerre, ainsi qu'à la France, le 3 août. Fidèle à ses engagements, la Grande-Bretagne se range aux côtés de la République française contre les Austro-Allemands.

Et, comme tous ceux de sa génération, Raimu est mobilisé. Plus question de jouer les comiques troupiers : il rejoint, à Orange, le 15ᵉ régiment du train des équipages et part à Bar-le-Duc, dans la Meuse. Moins de quinze jours plus tard, un télégramme l'avertit du décès de sa mère. Il fait aussitôt prévenir son frère Valentin qui se trouve à Casablanca. A la fin du mois d'août, il reçoit de « Vava » une lettre datée du 22.

Mon cher Jules.

Je reçois à l'instant ton télégramme et je viens d'y répondre. Quand le recevras-tu ? Le tien a mis cinq jours pour venir m'apporter cette triste nouvelle. La pauvre vieille maman avait le pressentiment que je ne la reverrais plus. Pauvre mère que je n'ai pas pu embrasser seulement encore une fois depuis quatre ans que je ne l'ai plus vue !

Pas même pouvoir l'accompagner comme pour nos autres pauvres morts. J'espère que tu étais là, toi, au moins. A-t-elle pensé un peu à moi, elle qui se faisait tant de souci de m'avoir su malade ? Je lui avais écrit il y a quelques jours en lui conseillant ce que tu me disais, et je la grondais car il y avait presque un mois qu'elle ne m'avait pas écrit.

Mon pauvre frère, elle t'aimait bien, toi aussi qui a été bien bon pour elle. Dans sa dernière lettre, elle me le disait encore et que tu lui avais même envoyé une provision d'argent. Il m'est absolument impossible de me déplacer maintenant. Je suis au régiment et quoique n'ayant pas fait le service, j'ai été enrôlé comme tout le monde, car ici on craint un soulèvement de Marocains. Je suis aux zouaves et je descends de garde à l'instant. Je crois même qu'on va nous expédier, la 4e compagnie à laquelle j'appartiens, à Agadir.

Mon pauvre frère, je suis complètement découragé : j'avais mis quelques sous de côté, mangés en maladie, et maintenant me voilà à 40 ans à la caserne, ne pouvant plus travailler. Tout cela joint à la nouvelle que je reçois me démoralise.

J'avais demandé un congé de 8 jours, ce matin

au rapport de dix heures, en montrant ton télégramme. Le commandant, un brave homme pourtant, me l'a refusé. Il nous est impossible de quitter le Maroc, et de plus il aurait fallu que j'emprunte l'argent du voyage. Et puis qu'irais-je faire maintenant? Je ne pourrais partir que demain 23 pour être là-bas le 27...

Écris-moi par retour, Jules, et donne-moi des détails et ton adresse.

J'attends impatiemment ta lettre. Nous ne sommes plus que deux maintenant, frérot. Si maman nous voit, elle sera heureuse de nous savoir bien unis.

Au revoir, cher frère, je t'embrasse bien affectueusement. Ton frère qui t'aime.

Très affecté par la disparition de sa mère, il reçoit de Valentin une lettre qui n'est pas pour le consoler. Ce n'est pas tout : redevenu Jules Muraire sous les drapeaux, il croit sa carrière brisée net. Car il pressent — et là, il n'a pas tort — que rien ne sera jamais plus comme avant.

Le voilà qui sombre dans un profond désespoir, puis dans la maladie. Il maigrit de jour en jour. Au point qu'on doit le ramener du front pour l'hospitaliser.

L'état-major avait escompté une prompte victoire. Après de nombreux revers, l'armée française a dû reculer, puis dans un sursaut, a redressé une situation qui semblait gravement compromise en remportant la bataille de la Marne, du 6 au 9 septembre. Ensuite, c'est la course à la mer et l'enterrement des troupes dans des tranchées. La guerre de mouvement a cédé à la guerre d'usure.

Il va falloir tenir. Pour cela l'industrie doit se réorganiser, les femmes doivent prendre la place des hommes partis se battre, les techniciens et les ouvriers spécialisés sont rappelés du front pour faire tourner les usines à plein régime. Pour entretenir le moral des troupes et de l'arrière, on détache de leurs régiments les chanteurs et les acteurs, et tout spécialement ceux qui savent faire rire, les comiques.

Raimu se trouve bien évidemment du nombre. Dès l'automne 1914, il remonte sur les planches du théâtre aux armées.

Ainsi, le 31 octobre, une « grande matinée artistique » est donnée à Marseille au profit « de nos vaillants blessés en traitement à l'hôpital Saint-Ignace ». La première partie du spectacle consiste en monologues et chansons patriotiques interprétés, entre autres, « par Mesdemoiselles Mary Marquet et Andrée Turcy ».

En seconde partie, représentation d'une pièce de Georges Courteline, *Un client sérieux*, avec Monsieur Raimu, « du théâtre de la Cigale », dans le rôle de La Goupille. La matinée s'achève sur *La Marseillaise*, chantée debout et au garde-à-vous.

Une fois par mois. Pour la fraternité de ce rassemblement, les femmes doivent prendre la place des hommes partis, et l'autre, les techniciens et les ouvriers spécialisés sont rappelés de temps pour faire tourner les usines à plein régime. Pour entretenir le moral des groupes et de l'arrière, on dépêche du Maroc régiments [illegible] et les acteurs, et tout spécialement ceux qui savent faire rire les combattants. Rabat s'y prête bien évidemment dès novembre. Des [illegible] sur les planches du théâtre aux armées.

[illegible] une « grande matinée artistique » est donnée à Meknès, [illegible] des vaillants [illegible] Hôpital Saint-Ignace. La première partie [illegible] fut [illegible] entre autres par Mesdemoiselles Mary Marquet et Andrée [illegible].

La seconde partie, représentation d'une pièce de Georges Courteline, [illegible] avec Monsieur [illegible] du théâtre de la [illegible] Mademoiselle [illegible] la pastorale [illegible] de Mesdemoiselles [illegible] debout au garde-à-vous.

IV

Le Boulevard avec Feydeau

Réformé en mars 1915, Raimu rentre aussitôt à Paris et, inquiet pour son avenir, n'a de cesse de décrocher un contrat.

Il n'a pas à chercher très longtemps. Un beau jour, par hasard, il rencontre Georges Feydeau au Fox, un bar proche de la gare Saint Lazare, fréquenté par les gens du spectacle. Tiré à quatre épingles, portant allégrement ses cinquante-trois ans, le roi du vaudeville salue le jeune Raimu d'une chaleureuse accolade et, tout de go, lui demande :

— Qu'est-ce que tu fais en ce moment ?

— Rien. Je suis libre.

— Parfait. On reprend à la Renaissance la pièce que j'ai créée il y a plus de vingt ans, *Monsieur Chasse*. J'ai engagé Louvigny et Marcel Simon... Veux-tu nous rejoindre ?

— Avec joie, monsieur Feydeau !

— Les répétitions commencent le mois prochain. Je t'attends demain au théâtre, pour signer ton contrat.

Longtemps boudé par le théâtre de Boulevard, Raimu y entre par la grande porte. Enfin un rôle à sa mesure, comme le lui suggérait Réjane.

La grande boucherie continue sur le front, mais à Paris, on vit sur une autre planète. Fin juin, Raimu reçoit une lettre de son vieil ami Félicien Tramel. Toujours sous les drapeaux.

Mon vieux Fada,

Non, mon vieux. Je ne t'en veux pas. Je ne pense pas que tu aies jamais pu supposer ça. Au reste, tu as fait ce que tu devais faire, ce que j'aurais fait à ta place, tes lettres en font foi. C'est égal, quand je pense que tout ce pastis est arrivé par la faute d'un opérateur qui s'est trompé de nom. A part que nous sommes compatriotes, je ne crois pas que nous nous ressemblions suffisamment pour qu'on puisse nous confondre. Enfin, c'est un c... comme tu dis, n'en parlons plus. Chapelle et Casanova te donnent le bonjour; Chapelle me prie de te demander de nous envoyer une coupure d'un journal qui a publié ta protestation, ça lui fera plaisir.

Je suis content pour toi que ça marche bien à la Renaissance, tu dois faire un effet bœuf et comment que tu dois le mettre dans la poche, le Marcel Simon, pour les figues.

Vite la fin, comme tu dis, vite la victoire et à nous les beaux rôles. Zizi vient de m'écrire, il est toujours dans un dépôt d'éclopés, mais il va beaucoup mieux. Écris-moi souvent, vieux. En attendant, je te serre bien fort la patasse et je te donne le bonjour de la petite fille chez qui tu as couché une nuit à Senessey-le-Grand, au temps où tu étais automobiliste. Bien à toi.

F. Tramel.

L'erreur dont il est question, et le « pastis » qui en découle ont trait à un petit film dans lequel a tourné Raimu. Par une regrettable confusion de l'opérateur, Tramel figure au générique à la place de Raimu. Une preuve de plus que le cinématographe est encore, trop souvent, une affaire d'amateurs...

Raimu a mis toute sa fougue à travailler *Monsieur Chasse*. Le rôle lui tient à cœur. Non seulement parce qu'il s'agit de ce Boulevard dont il a tant rêvé, et qui constituait encore, à l'époque, une véritable promotion pour un acteur (ce qui est loin d'être le cas aujourd'hui), mais surtout parce qu'il effectue sa rentrée. Il a conscience qu'un échec ne lui serait point pardonné. Un four mettrait peut-être fin pour longtemps — sinon pour toujours — à toutes ses chères ambitions.

L'affaire est d'importance et, mieux que personne, il sait tirer son épingle du jeu. Au point que, le lendemain de la première, Pierre Brisson écrit dans *Le Temps* :

> *Raimu est étonnant d'aisance, de naturel. Et quelle sobriété, quelle économie de moyens!*

Monsieur Chasse rencontre un véritable succès public. Il tiendra l'affiche près de six mois.

Raimu est maintenant lancé. Les meilleurs auteurs se pressent pour l'avoir : ils font plus que lui proposer des rôles, ils les adaptent à sa « nature », reconnue par tous, ainsi qu'à son tempérament. Dorénavant, ce diable d'homme ne descendra plus dans le Midi que lorsque son bon plaisir, et seulement celui-ci, le lui commandera. Au nord de Lyon, les « comiques à l'huile » ne sont plus qu'un souvenir. Ne restent que de vrais acteurs. Sauf Sardou dont l'humour à l'emporte-pièce ne convient décidément pas au public parisien.

Depuis que Mlle Spinelly, une des reines du Boulevard, l'a vu jouer du Feydeau, elle ne jure plus que par Raimu. Elle en est même devenue secrètement amoureuse :

— Je le veux, je l'aurai ! s'est-elle promis.

Et ce que femme veut...

Aussi la charmante petite brune sait-elle trouver les mots pour persuader son mentor de Rip de prendre Raimu sous contrat.

Excellent caricaturiste, Rip n'exerce ce talent que pour le bénéfice de ses proches. Avant tout, il est un grand « revuiste », selon le terme qui désigne à cette époque les auteurs de revues. Peut-être que Rip est même le meilleur de sa génération. Il reste le champion d'un genre qui fait florès, celui où l'on commente avec un humour souvent mordant les faits d'actualité, celui où l'on raille les héros du jour.

Ce Raimu et son accent provençal ne lui disent pas grand-chose qui vaille. Pourtant, il cède aux instances de l'irrésistible Spinelly. Et il engage Raimu dans *Plus ça change*, au théâtre Michel, ainsi que Guyot Fils et Paul Ardot. Raimu interprète le personnage du baron Jolibois des Sardines lequel, voyageant à travers le temps, rencontre quatre femmes : Sidonie, Ninon de Lenclos, Isabeau de Bavière et Phryné.

Comme de bien entendu, c'est la Spinelly qui prête son joli minois pour camper les quatre rôles. Il ne lui suffit pas d'avoir convaincu Rip. Il lui faut encore séduire son partenaire. Et Raimu, malgré la réputation d'ours mal léché qu'on lui fait, ne peut que succomber à son charme.

Le secret de cette aventure est très vite éventé : tout Paris n'ignore bientôt plus rien de leur liaison. D'autant qu'ils ne craignent pas de s'afficher ensemble. Faut-il y voir l'influence de cette femme d'expérience ? Raimu arbore en ville un chapeau melon et une cravate-papillon de couleur bleue à pois blancs. Il fréquente le *Chatam*, le *Ciro's*, le *Café de Paris* et *Maxim's*. Montant en puissance, l'acteur devient une personnalité très parisienne.

Cette belle assurance ne se dément pas sur scène. *Plus ça change* obtient les faveurs d'un large public pendant un mois à compter du 7 septembre 1916.

A peine le rideau est-il tombé sur ce spectacle que Raimu se renouvelle, le 3 octobre au théâtre des Ambassadeurs, avec *Faisons un rêve*. Cette petite pièce à trois personnages, Sacha Guitry l'a écrite tout spécialement pour lui et Charlotte Lysès[1]. Et l'auteur ne craint pas de paraître sur scène en leur compagnie. Le journal *L'Illustration* fait de cette représentation le compte rendu suivant :

1. Première épouse de Guitry, précédant Yvonne Printemps, Jacqueline Delubac, Geneviève de Seréville et Lana Marconi.

Le sujet n'est qu'une très mince anecdocte qui se déroule entre trois personnages : le trio classique de la femme, de l'amant et du mari. Le fil est ténu et un acte tout entier est fait du monologue de l'amant attendant avec impatience la femme aimée. Mais Monsieur Sacha Guitry a dispensé de la façon la plus éblouissante son esprit, son ironie, l'humour délicat de son observation, le feu perpétuel de ses "mots" avec tant de naturel et de spontanéité que l'on n'a pas l'impression de voir jouer une pièce écrite, mais plutôt d'assister à une véritable improvisation.

Guitry après Feydeau, Raimu est déjà un acteur comblé. Ce n'est pourtant là qu'un début. Pierre Veber, Louis Verneuil, Yves Mirande, Armont et Gerbidon, Duvernois, Pierre Wolff, Kistemaeckers, de Flers et Caillavet, bref toutes les bonnes plumes du moment font assaut d'entregent et d'imagination pour lui composer des rôles à sa convenance.

A presque trente-trois ans, Raimu est entré dans la force de l'âge. Il maîtrise parfaitement son art. Il se sent l'appétit de tout jouer et ne dit non à personne. Pour « l'obtenir », il faudra bientôt le prévoir plusieurs mois à l'avance et « prendre son tour », comme le remarque Colette.

Mais aussi, désormais, il faut en passer par toutes ses exigences. Et « faire avec ». Son caractère n'est pas des plus faciles. L'amour qu'il voue à son métier confine à la passion sourcilleuse. Son intransigeant perfectionnisme ne saurait souffrir le dilettantisme ou le je-m'en-fichisme.

En bon Méridional, Raimu ne garde rien sur le

cœur. Lorsqu'on le contrarie, c'est une explosion de colère. De véritables coups de mistral qui emportent tout sur leur passage, mais qui ne durent jamais bien longtemps.

Une certaine mauvaise foi peut parfois s'en mêler, jamais le caprice. Un flair infaillible, une sensibilité à fleur de peau : il voit juste presque toujours. Mais la patience ne l'habite pas vraiment. Et plutôt que d'expliquer son point de vue en argumentant calmement, il pousse d'homériques colères. Raimu n'est ni calculateur ni rancunier, mais tout simplement soucieux de donner le meilleur de lui-même, de satisfaire son public. En fait, il ne redoute rien tant que la tiédeur et la médiocrité. Et tant pis pour ceux qui s'attirent ses foudres.

L'année 1917 commence pour Raimu avec une pièce de Pierre Veber et Yves Mirande, *Six hommes, une femme, un singe*. Puis c'est *Le Poilu*, toujours de Pierre Veber, mais cette fois-ci au théâtre du Palais-Royal et en compagnie d'Yvonne Printemps. Ensuite une revue de Sacha Guitry et Albert Willemetz intitulée *Il faut l'avoir*. Enfin il revient à Rip, avec *L'École des civils*, retrouvant par la même occasion la jolie Spinelly.

Le 16 février 1918, retour au théâtre Michel. Raimu y crée, aux côtés d'Harry Baur et de Jane Marnac, *L'École des cocottes*, d'Armont et Gerbidon. Tendre, émouvant, caustique, il incarne un vieil amoureux qui cède sa maîtresse adorée à un ami beaucoup plus riche que lui, dans le seul intérêt de la belle enfant.

D'emblée, cette pièce en trois actes, qui mêle adroitement le comique de situation et le mélodrame le plus sirupeux, fait un tabac. Elle enthousiasme des salles combles pendant des mois. Mais les raids aériens et les bombardements ennemis se succèdent sur la capitale, au point que l'on doit cesser les représentations pour les remettre à plus tard. *L'École des cocottes* ne sombrera pas dans l'oubli pour autant.

Dans l'immédiat après-guerre, deux spectacles feront date, remportant un immense succès populaire en dépit d'une qualité moyenne tant du texte que des situations.

Ce sera tout d'abord *Phi-Phi*, une opérette en trois actes d'Albert Willemetz et Fabien Sollar, sur une musique de Christiné. Sauf Urban, l'ex-tourlourou qui joue le rôle de Phi-Phi, les acteurs, Pierrette Madd et Alice Cocea, sont des inconnus, ou peu s'en faut.

Ils ne le resteront guère longtemps. La répétition générale de *Phi-Phi* se déroulera le 12 novembre 1918 au théâtre des Bouffes-Parisiens. Juste au lendemain de la signature de l'Armistice. Cette heureuse coïncidence, l'euphorie de la victoire ainsi que la légèreté de la musique et des textes...

— Je travaille chez Lanvin, dit Aspasie à Phidias.

— Chez Lanvin ?... Déjà ?

— Pftt. L'an vingt... avant Jésus-Christ, voyons !

... seront les meilleurs atouts de ce qui s'avérera un formidable succès : deux mille cinq cents représentations seront données rien qu'aux Bouffes-Parisiens, douze traductions (en anglais, bien sûr, mais encore en chinois, en japonais et en grec) s'ensuivront et, en comptant les reprises, les tournées internationales et les adaptations à l'étranger, cela fera quelque quarante mille représentations au total.

Quant à *L'École des cocottes,* elle ne reparaîtra que le 18 septembre 1919, toujours au théâtre Michel, et au théâtre des Variétés à partir du 1er septembre 1920, où Jane Marnac sera remplacée par... Spinelly soi-même. Les représentations se compteront elles aussi par milliers, et Raimu pourra s'offrir le luxe d'installer ses pénates au 15, rue de la Tour-d'Auvergne.

La guerre est finie. Le train du maréchal Foch s'est arrêté à Rethondes, le 11 novembre 1918. L'Armistice a été signé à 5 heures du matin, mais il ne prend effet que six heures plus tard. A 11 heures, sur tout le front de l'Ouest, le clairon sonne, ainsi que toutes les cloches de France et de Navarre.

On rit, on chante, on s'étourdit, on veut oublier l'horreur, les millions de tués, de blessés, civils ou militaires. Le jour de la signature du traité de Versailles, le 28 juin 1919, on ne parle que de la réouverture des champs de courses. De véritables « trains de plaisir » conduisent les « profiteurs » aux bains de mer, au casino ou sur les planches de Deauville. Et les femmes s'émancipent.

La période faste de ce qu'on appellera les Années folles, Raimu l'inaugure plutôt mal. Il s'est laissé forcer la main pour jouer un petit rôle dans *La Jeune Fille aux joues roses,* une pièce en vers de François Porché.

Une lettre que l'auteur adresse au comédien, le 8 février 1919, reflète les doutes qui ont assailli Raimu :

Mon cher Raimu,

On m'a communiqué au théâtre Sarah-Bernhardt une lettre de vous qui m'a beaucoup surpris. Nous étions absolument d'accord hier quand nous nous sommes séparés, et je ne comprends rien au nouveau doute que vous pouvez avoir.

Je vous écris ce petit mot tout de suite, parce que je ne serai pas là lundi. Je vous confirme ce que je vous ai dit hier. Je vous donne ma parole que Madame Simone et moi nous vous considérons toujours comme l'homme du rôle, et que MM. Maurice Bernhardt et Ulmann partagent notre avis.

Les quelques petites observations que je vous ai faites hier n'étaient que des observations de détail qui portent sur le diapason de votre débit. Vous m'avez rassuré à ce sujet immédiatement. Quant à l'acte du procès, je suis sûr que vous y aurez, comme aux autres actes, un très grand succès; vous le jouerez selon votre tempérament personnel, et nous n'aurons aucune peine là-dessus à nous accorder lorsque la scène pourra être mieux réglée. Venez donc lundi, et maintenant que tout nuage est dissipé, travaillons tous de tout cœur au succès commun.

Croyez, mon cher Raimu, à mes biens cordiaux sentiments.

François Porché.

Raimu respecte sa parole donnée et *La Jeune Fille aux joues roses* est créée, le 12 mars 1919, au théâtre Sarah-Bernhardt. L'expérience se solde par un échec. Raimu l'avait pressenti ; le théâtre intellectuel n'est pas fait pour lui.

Raimu revient donc au Boulevard, un genre qui lui convient mieux, avec *La Chasse à l'homme*, une comédie de Maurice Donnay qu'il joue, le 24 décembre 1919, au théâtre des Variétés, boulevard Montmartre, avec Jane Marnac dans le premier rôle féminin.

Devenu pensionnaire des Variétés, il interprète ensuite, à partir du 25 mars 1920, *Un homme en habit*, d'André Picard et Yves Mirande, avec Gabrielle Dorziat. Une pièce controversée, prétexte à ironie pour le caustique Henri Jeanson qui écrit qu'il faudrait plutôt l'intituler, eu égard à la prestation de Raimu, « L'Homme en blouse ». L'intéressé n'en a cure, et la faveur du public lui donne raison.

Toujours aux Variétés, le 18 décembre 1920 (jour de son anniversaire), Raimu reprend *Le Roi*, une comédie légère, bien dans le ton des œuvres de Flers et Caillavet.

Max Maurey, directeur du théâtre, n'a pas fait les choses à moitié : outre Raimu dans le rôle de Bourdier (un député socialiste), Gabrielle Dorziat, Harry Baur et Max Dearly font partie de la distribution.

Unanime pour une fois, la critique s'accorde à reconnaître que Raimu a fait là une composition tout à fait étonnante ; ce qu'atteste l'engouement des spectateurs.

En 1921, Raimu se produit au théâtre de Paris dans *Ça va!*, une revue de Rip et Guignoux, avec Pauley, Thérèse Dorny et Miss Crampton.

Le samedi 2 juillet, c'est le match du siècle qui oppose Georges Carpentier à Jack Dempsey. L'événement a pour cadre le Stadium de Jersey City, non loin de New York. Dès 20 h 15, heure française, la T.S.F. transmettra les premiers comptes rendus des envoyés spéciaux.

20 h 15 ? C'est l'heure même où les artistes s'apprêtent à entrer sur scène ! Alors, quoi, fermer ? Non : la direction du théâtre de Paris fait annoncer, à grand renfort de publicité, que tout au long de la représentation les résultats du match seront projetés sur un écran spécialement prévu à cet effet... Ce qui n'empêchera pas Carpentier d'être battu par K.O. au quatrième round.

Fin 1921, nouvelle revue de Rip, mais cette fois aux Variétés et avec Maurice Chevalier.

Le 3 avril 1922, *La Belle Angevine*, de Maurice Donnay, est à l'affiche de ce même théâtre. Le journal *L'Illustration* rapporte à ce propos une amusante anecdote :

> *Dans la distribution initiale de la pièce, c'est mademoiselle Spinelly qui est prévue. Malheureusement, après quelques jours de répétition, cette grande fantaisiste tombe malade.*
>
> *On patiente, mais il faut se résigner à la remplacer. Max Maurey rappelle du Midi, où elle se repose, mademoiselle Jane Marnac, qui fait partie de sa troupe, mais qui s'est engagée à jouer une revue de Rip, au théâtre Michel.*
>
> *Mademoiselle Marnac verse le dédit prévu et se met à la disposition du directeur du théâtre des Variétés et, en moins de huit jours, apprend le principal rôle féminin.*
>
> *Quelques jours plus tard, mademoiselle Spi-*

nelly, en voie de rétablissement, se met à la disposition du théâtre Michel pour y interpréter la revue que son auteur intitule, par un amusant jeu de mots : Le Bel ange vint.

Mais toutes ces péripéties, qui font le bonheur des échotiers, n'affectent pas Raimu. Et c'est lui qui se taille une nouvelle fois un franc succès.

> *Monsieur Raimu,* écrit Robert de Flers dans Le Figaro, *avec sa voix énorme, rauque et sourde, sa rude bonhomie, a justifié par la façon remarquable dont il a campé le baron Mongerey, la place importante qu'il a reprise si rapidement sur les grandes scènes de la comédie.*

Puisque le théâtre des Variétés lui réussit tellement bien, Raimu n'éprouve aucune peine à y persévérer. Au retour d'une tournée estivale qu'il a effectuée en province (il a donné une comédie d'Henri Verneuil, *Pour avoir Adrienne*), il crée, le 16 septembre 1922, *La Petite Chocolatière,* de Paul Gavault. Entre Jane Marnac et André Lefaur, il réussit, par son génie, à être vrai et chaleureux dans un vaudeville médiocre inspiré de la plus pure tradition du Boulevard.

Le 8 novembre de cette même année 1922, c'est *Le Blanc et le Noir,* de Sacha Guitry, avec André Lefaur et Jane Marnac. Le thème : une femme, Marguerite, croit que son mari, Marcel, la trompe. Pour se venger, elle prend un chanteur noir comme amant d'une nuit. Marcel se retrouve papa d'un bébé noir. Avant que sa femme n'ait vu l'enfant, il va à l'Assistance publique l'échanger contre un bébé blanc. Heureux d'avoir un enfant, les époux se réconcilient.

Raimu, tour à tour drôle et émouvant dans un jeu tout en nuances, n'imagine pas qu'il reprendra plus tard, pour le cinéma, la plupart de ces pièces ; *Le Blanc et le Noir*, justement, *La Petite Chocolatière*, *L'École des cocottes*, *Le Roi*, *Faisons un rêve*.

Mais en attendant, *Le Blanc et le Noir*, marche fort honorablement, même si ce n'est pas du plus grand Guitry. L'auteur a d'ailleurs tout à fait conscience de ce qu'il doit à Raimu et, grand seigneur, il l'en remercie en lui offrant... une bague.

Sur la carte qui accompagne le présent, on peut lire ces quelques lignes :

> *Mon cher Raimu, si le Blanc et le Noir avait eu cinq actes, cette bague aurait cinq saphirs! Merci encore et bravo toujours.*

Même Mayol, qui souffre pourtant d'une jambe, a tenu à venir applaudir son ami :

> *Mon cher Raimu,*
>
> *Il y a longtemps que je n'avais pas vu une aussi jolie pièce aussi merveilleusement jouée que Noir et Blanc. Compliments à tous et à toi en particulier. J'y étais hier en matinée et si je ne suis pas monté dans ta loge, c'est à cause de ma jambe; mais si tu veux, demain lundi, déjeuner avec moi chez Boyslève à 12 h 1/4, tu me ferais bien plaisir. Je pars après-demain matin pour Orléans.*
>
> *Donne la réponse au porteur (un Toulonnais). Bien à toi, ton vieux Félix.*

Fort de toutes ces réussites, la situation de Raimu s'améliore de jour en jour. L'appartement qu'il loue rue de la Tour-d'Auvergne lui paraît désormais trop petit. Qu'à cela ne tienne, il dénonce son bail et jette son dévolu, en ce début d'année 1922, sur la rue de Miromesnil, dans le VIIIe arrondissement. Un quartier « chic » qu'il affectionne tout particulièrement et qu'il ne quittera plus jusqu'à la fin de sa vie.

En emménageant dans ce quatre-pièces de la rue Miromesnil, Raimu s'installe en même temps dans le confort ouaté d'une vie de joyeux célibataire choyé par les femmes.

Il les adore, en parle beaucoup, en « consomme » modérément. Sans passer pour un don Juan irrésistible, il plaît. Sa stature, son visage viril et ouvert, son regard sombre et pétillant, son accent même font de lui un enjôleur, bien secondé par l'auréole du talent et de la gloire.

« Ah ! les femmes... Les femmes... Quel mal je vais en dire jusqu'au jour prochain, je l'espère, où j'en rencontrerai une qui me fera oublier les misères que toutes les autres m'auront faites... »

Cette réplique de Raimu, dans *Les Perles de la couronne* de son ami Sacha Guitry, entre bien dans un rôle de composition car, des femmes, Jules ne s'en plaint pas. Il n'a qu'à s'acater[1] et choisir. Séducteur presque à son corps défendant, il regarde une belle femme plus comme un objet d'art, à posséder toute affaire cessante, que comme un être de chair et de sang. Il la déguste, sans la déshabiller, du regard et se lance à sa conquête si elle lui paraît réunir au premier coup d'œil, la beauté, le cœur et l'esprit. Dès

1. Se baisser, en provençal.

lors, évitant les attaques frontales à la hussarde, il use de gentillesse et d'attentions, raye de son vocabulaire les mots crus ou croustillants du parler provençal ; bref, il joue l'« homme du monde », flatteur et courtois et ne manifeste pas moins d'égards après la conquête. Fait surprenant, ce grand « cabot », si flatté de l'encens offert à son talent, n'affiche pas ses victoires, ne frime pas, une superbe créature au bras, lors des générales, des premières, des réceptions du Tout-Paris que, d'ailleurs, il fuit.

Il fait une exception, assez normale avec la ravissante Spinelly, puisque les deux comédiens jouent dans les mêmes pièces pendant un certain temps.

Courtois, attentif avec l'élue du moment, Raimu ne se prive pas pour autant de donner libre cours à ses emportements quand l'idylle tourne mal. « Une fois, raconte un de ses amis toulonnais, une jeune femme, séduite depuis peu, lui fait une effroyable scène de jalousie, tout à fait injustifiée. Jules voit rouge, le débit vocal monte, mélangeant invectives parisiennes et provençales. Il jette dehors la belle enfant en chemise légère, lance par la porte ouverte toutes ses affaires. Sauf ses chaussures, qu'il tient entre le pouce et l'index et pose délicatement sur le seuil. Il ne restera à l'infortunée qu'à rallier les rangs d'une nouvelle race de femmes en révolte... les féministes.

V

Une bastide pour l'amour

En cette fin février 1922, l'actualité du spectacle consacre le triomphe, aux Bouffes-Parisiens, de *Dédé*, avec Maurice Chevalier. Il touche un fabuleux cachet quotidien de mille francs. On enregistre aussi l'apothéose de Mistinguett, dans *Douce*, au Casino de Paris.

La capitale donne également le ton d'une nouvelle mode, celle de la garçonne. C'est une femme libre, au dos largement dénudé, aux cheveux coupés à la Jeanne d'Arc et à la nuque rasée, arborant ostensiblement en public un interminable fume-cigarette. Un livre de Victor Margueritte vient d'ailleurs de paraître aux éditions Flammarion : *La Garçonne*. Habilement lancé, cet ouvrage se vend à plus de sept cent cinquante mille exemplaires. Mais, apologie du féminisme, il provoque un véritable scandale et, le 1er janvier 1923, Victor Margueritte, fils d'un célèbre général, est radié de l'ordre de la Légion d'honneur...

Autrefois, les spectacles dans lesquels Jules Raimu

débutait ne tenaient que rarement plus de quinze jours à l'affiche. Une douzaine d'années plus tard, sa seule présence sur scène est un gage de qualité dans le divertissement et assure de confortables droits aux auteurs qu'il joue.

Raimu ne se laisse point griser par le succès. Il n'a pas d'autres prétentions que de faire du bon travail et de garder un certain abattage.

Pour le reste, il sait être prudent. Sa culture est approximative, son orthographe « un peu juste ». Il n'en ignore rien. Il serait même assez naïf s'il n'était sensible, intuitif, rusé. L'éloquence méridionale et un grand bon sens, celui dont font preuve tant de paysans, constituent ses meilleures armes.

Cette prudence se retrouve dans les questions d'argent, comme des mauvaises langues le colportent depuis peu.

A l'évidence, Raimu n'est pas follement dépensier, au contraire de bon nombre de ses contemporains. C'est qu'il a connu la pauvreté. Son premier pardessus anglais, il n'a pu se l'acheter qu'à l'âge de trente-trois ans. Il sait être sage. Il sait aussi se montrer généreux avec ceux qui se trouvent dans le besoin. Il n'est jamais rapace en affaires. Confiance et fidélité sont les maîtres mots dans ses relations de travail comme en amitié.

Le Blanc et le Noir est un jalon de plus sur la voie de sa réussite professionnelle. Amusante coïncidence, pour qui sait la future carrière de Raimu, relevée dans une publication littéraire intitulée *Fortunio* : un jeune chroniqueur dramatique a remarqué la pièce... sans souffler mot de son premier rôle !

« C'est ce qu'on donne de plus brillant cette saison », se contente-t-il d'écrire, le 1er février 1923. L'article est signé par un inconnu : J.-M. Roche. Et ce J.-M. Roche est en fait le pseudonyme d'un professeur d'anglais du lycée Condorcet. Son vrai nom : Marcel Pagnol.

Quinze jours plus tard, encore et toujours au théâtre des Variétés, Raimu joue dans *Un jour de folie*, trois actes d'André Birabeau. Pauley, Gaston Dubosc, Jeanne Loury et Jane Marnac sont de la distribution.

> *Ce n'est pas une comédie sans défaut,* signale André Rivoire dans Le Temps. *Il y a des obscurités, des gaucheries dans la façon de présenter les personnages, et des brutalités inutiles parfois dans la façon de conduire l'action. Mais telle qu'elle est, elle est de quelqu'un et mérite d'être vue... Il y a quatre fois plus de talent dans ces trois actes, d'observation, d'esprit, de vraie gaieté, que dans la plupart des vieilles pièces nouvelles, dont nous commençons à être fatigués.*
>
> *Monsieur Raimu, qui s'est évadé de plus en plus de la charge comique, où d'ailleurs il excelle, sait, d'une intonation, d'un silence, d'un geste ou d'un regard, faire jaillir une émotion discrète et sobre...*

Début avril, Raimu quitte le boulevard Montmartre et ses Variétés pour la rue Daunou et le théâtre du même nom, fondé et dirigé par Jane Renouardt. Il y répète le rôle de Pierre Gineste dans *Édith de Nantes*, une pièce d'Yves Mirande.

Le 12 avril 1923, c'est la première... et aussi la dernière représentation. Raimu n'y est pour rien. Pas plus que Lucien Baroux et Jane Renouardt, qui l'accompagnent sur scène. Mais le ton incisif de cette comédie, qui dénonce allégrement l'hypocrisie et le cynisme de certains milieux très parisiens, a choqué des spectateurs qui, se sentant visés, menacent d'en découdre avec l'auteur et ses interprètes !

Les acteurs n'iront même pas au bout du premier acte... Yves Mirande n'insistera pas : sa pièce ne sera jamais rejouée.

Sacha Guitry n'en a que pour Raimu.

> *Il est un admirable acteur instinctif,* écrira-t-il ; *à tel point qu'il peut faire n'importe quoi sur scène, qu'il peut même jouer n'importe comment, assuré qu'il est de ne pas se tromper, étant de la grande lignée des acteurs naturels.*

Et puisqu'il en est ainsi, Sacha offre à Raimu de camper le personnage de Bobêche, le bonimenteur, dans sa parade qui a pour titre *Le Phénomène.* Christiné en a composé la partition musicale, et c'est à l'Alhambra, au mois de décembre 1923, que le rideau se lève sur ce nouveau spectacle.

Sous la plume de Gustave Fréjaville, la revue *Comœdia* en fait la relation suivante :

> *Le bon Raimu, vêtu en Tabarin, appelle le public avec un porte-voix, en scandant son boniment de coups de grosse caisse. Il va montrer un phénomène et, pour mieux piquer la curiosité des auditeurs, il décline les trucs de ses confrères, en racontant les aventures de sa propre carrière.*

C'est d'un esprit vif et amusant, et l'entrain de Raimu sert à merveille la fantaisie de l'auteur.

Mais voici que le paradiste interpelle les spectateurs de la salle. C'est parmi eux que se trouve "le Phénomène" qu'il se propose de présenter, ou plutôt... chaque spectateur est un phénomène. Il va choisir au hasard... Et voici qu'apparaît l'idée mirifique de Sacha Guitry : le phénomène c'est le citoyen français, le contribuable, l'électeur... Le voici sur la scène, c'est un honnête homme, bourgeois, gauche et un peu obtus...

[...] Avec une verve trop violente pour ne pas paraître un peu forcée et hors de propos, l'auteur, par la bouche du pitre, reprend de vieux thèmes ressassés. Il dénonce l'incurie des bureaucrates, l'égoïsme des hommes politiques, l'insuffisance des pouvoirs publics et déclare que le Français ne doit pas plus longtemps permettre qu'on se foute de lui.

L'ensemble a tout de même été fort applaudi grâce, encore une fois, au grand talent de l'interprète, et à la virtuosité brillante de la forme.

En octobre et en novembre, on retrouve Raimu au théâtre des Mathurins, successivement dans *Vertu... Vertu* puis *La Huitième femme de Barbe-Bleue,* deux comédies d'Alfred Savoir.

L'Allemagne est en pleine décomposition. Une inflation galopante réduit à la misère une très grande part de la population, et un certain Adolf Hitler en profite, le 8 novembre 1923, pour faire une tentative de putsch à Munich. Tentative qui se solde par un échec et l'incarcération du futur chancelier du Reich.

A Paris, Sarah Bernhardt vient de s'étcindre. Le grand événement théâtral de cette fin 1923, c'est *Knock ou le Triomphe de la Médecine*, de Jules Romains. Avec Louis Jouvet dans le rôle principal.

Raimu entame l'année 1924 avec un drame de Kistemaeckers, *La Flambée*, au théâtre de Paris. La troupe compte dans ses rangs Camille Bert, Marcelle Praince, Vera Sergine, Henri Rollan et Pierre Renoir.

Après quoi, le 7 mars, retour aux Variétés où il joue dans une comédie de Flers et Caillavet, *Le Bois sacré*, en compagnie de Jean Granier et Huguenet.

Pour Raimu, tout va donc pour le mieux. Les spectacles s'enchaînent. Il est devenu un acteur connu, mais aussi reconnu dans le milieu théâtral. Et, par surcroît, même si les cachets n'ont encore rien de mirobolant, il gagne toutefois sa vie fort confortablement. Aussi, ne tarde-t-il pas à déménager de nouveau. Cette fois pour le 59 de la rue de la Boétie.

Cependant, après une saison particulièrement bien remplie, Raimu éprouve une certaine lassitude. Oh ! rien de bien grave. Il a tout simplement le mal du pays. Il profite donc de la « clôture » estivale pour rejoindre son Midi natal. Chaque été, il éprouve d'ailleurs l'impérieux besoin d'aller s'y ressourcer, comme l'on dirait aujourd'hui. Et puisque son pécule lui permet d'acquérir une somptueuse voiture américaine, une Chrysler dernier modèle, il prend la route sans plus tarder.

A Toulon, il se rend d'abord au cimetière central

pour fleurir la tombe de « maman Muraire ». Puis, ce sont les retrouvailles avec Félix Mayol, les grands repas de fête et le rappel des souvenirs communs. On commente les nouvelles. On échafaude aussi mille et un projets.

Il y a là tous les anciens amis de Raimu. Justin, qui met tout son cœur à lui préparer les meilleures bouillabaisses, et tous ceux de la brasserie Lorraine dont Testi, le patron. Ou encore ceux du restaurant-dancing le Lido, sur la plage du Mourillon. C'est Marie Angéli, patronne du Lido, qui présente un soir Esther à Raimu.

Narbonnaise de naissance, fille d'un marin de Douarnenez et d'une Brestoise, Esther rayonne d'une éclatante beauté. Grands yeux verts, cheveux bruns, pommettes saillantes, taille et traits fins, la jeune fille — elle n'a que vingt ans et Raimu quarante et un — ne manque pas de prétendants dans le Toulon d'alors. Le regard des hommes se retourne sur elle et celui de Raimu se fait tout doux.

Raimu revoit la maison de la famille Muraire, prend un évident plaisir à flâner en ville ou à redécouvrir la joie des promenades dans l'arrière-pays. Il aime cette terre et ses habitants. Aussi, sur les conseils de Marie et Édouard Angéli, les patrons du Lido, il se décide à acheter une bastide au Pradet. A quelques kilomètres de Toulon. « Comme ça, je pourrai revenir plus souvent », dit-il.

Raimu a volontairement choisi une modeste maison de campagne. Au bout d'une impasse un peu caillouteuse, en retrait d'une voie étroite et assez difficile d'accès. Pour mieux échapper aux solliciteurs de dédicaces qui lui font horreur. A moins qu'il ne songe déjà aux vacances qu'il pourrait passer là, auprès d'Esther.

Car Raimu a succombé aux charmes de la jeune femme, à sa séduisante et apparente fragilité. Esther ne manque pas de personnalité. Ce qui ne peut qu'attirer encore davantage Raimu. Il comprend qu'il vient de rencontrer son idéal féminin.

Ravissante, jeune, spirituelle, Esther partage alors la vie du comédien. Au début, Raimu la présente comme sa secrétaire à ses amis. Mais ils comprennent très rapidement. A voir toute la séduction que déploie Raimu à l'égard de la jeune femme, leurs relations ne se résument manifestement pas à de simples affaires de courrier.

L'été s'achève et Raimu, conquis, regagne Paris avec Esther. Les premières semaines de vie parisienne ne se passent pas sans difficultés. Il faut dire qu'Esther fait toujours l'objet de sollicitations à Toulon. Elle a beaucoup de mal à effacer, d'un coup et aussi vite, son passé et ses amis; bref, la place qu'elle occupait dans sa ville méridionale. Aussi décide-t-elle brusquement de prendre le train pour Toulon.

Raimu se lance à sa poursuite. Il la rejoindra sans peine à Toulon... où il la demande en mariage. La cérémonie ne sera toutefois célébrée que plusieurs années plus tard. Jules et Esther convoleront en justes noces en 1936, à la mairie du VIIIe arrondissement de Paris. Presque à la sauvette, avec pour témoins, Brunet, patron du *Fouquet's* et l'inévitable Maupi.

Que ce soient pendant les années qui ont tout juste précédé la rencontre d'Esther, ou que ce soient pendant celles qui vont suivre, Raimu reste toujours très attaché à « ses » vacances.

Au plus tard vers la mi-juillet, il quitte Paris pour n'y revenir qu'au début du mois de septembre. Fervent amateur de voitures grand sport, il avait acquis, aux lendemains de la guerre 1914-1918, une Turcat-Méry. Il l'échangera très vite pour une Voisin, puis une Chrysler, beaucoup plus rapide. Ainsi, rejoint-il le Midi d'une seule traite. En s'arrêtant toutefois pour un bon déjeuner. Le plus souvent chez Burtin, à Mâcon.

Les premières années Sainte-Maxime avait sa préférence. Il y retrouvait régulièrement Henri Decoin, Blanche Montel (une célèbre « jeune première » du moment), Paul Géraldy, ou encore Jules Berry qui était alors marié à Jane Marken. Le soir, à l'heure de l'apéritif, il allait souvent à Saint-Tropez, au *Café de Paris*. Il faisait là des entrées tonitruantes, s'ébrouant comme un ours qui sort de l'eau, avant d'aller rejoindre la table de ses amis. Ces derniers, à la longue, ne faisaient plus attention à ce manège qui avait bientôt pris la forme d'un cérémonial. Notamment lorsque Raimu se débarrassait de ses admirateurs en lançant :

— Il n'ont jamais rien vu !

Au *Café de Paris*, il rencontrait souvent Charles Vanel, Colette, Maurice Goddet ou René Clair. Le cinéaste notera plus tard (dans un entretien avec Roger Régent) :

Ce qui constituait la plus grande force de Raimu, c'était sa voix. Et je n'ai jamais eu de rôles assez parlants pour lui... Le phénomène de cette voix extraordinaire est du reste très curieux. Elle le faisait passer pour un géant. Mais quand on se trouvait près de lui, on s'apercevait avec surprise qu'il n'était en réalité pas tellement grand...

Cela lui donnait une autorité prodigieuse. J'ai rarement entendu dire, comme par lui, autant de bourdes monumentales avec autant d'assurance! Il y avait quelque chose de grandiose dans la manière dont il assenait ces énormités! Mais voilà le miracle : cet homme qui pouvait proférer de telles inepties ne disait jamais de bêtises quand il parlait de son métier[1].

Par la suite, un peu las de Sainte-Maxime, — et avant de s'installer au Pradet — Raimu fixa son choix sur Cannes. Son quartier général se situa d'abord au Miramar. Raimu était toujours entouré de copains : le boxeur Georges Carpentier, l'écrivain Pierre Wolff, Jean Murat, Roland Toutain (un ami de toujours), la belle Freddy Blainville (célèbre parachutiste et modiste à ses heures), « Mimi » de Funès (la sœur du futur acteur comique). Et puis bien sûr Yves Mirande qui, venu pour travailler, avait souvent bien du mal à trouver la concentration nécessaire pour mettre la dernière main à l'écriture de quelque scénario.

Par la suite, ce sera le Grand Hôtel dont Henri Gendre, le patron du Miramar, prit la direction. Sans oublier les dîners de l'Oustalet où le proprié-

---

1. Roger Régent, *Raimu*, Éditions Chavane, 1950.

taire, le pittoresque Doumel, expliquait : « Certains ouvrent un restaurant pour faire fortune. Moi, c'est déjà fait ! » Il faut dire que ses prix étaient tout particulièrement raisonnables et que ce détail n'avait pas manqué d'attirer Raimu. Celui-ci s'en souviendra lorsque Doumel, trop confiant en sa bonne étoile, connaîtra les pires ennuis.

raire, [illegible] Dormel expliquant : « Certains ouvrent un restaurant pour faire fortune. Moi, c'est déjà fait ! » Il faut dire que ses précédents tout particulièrement raisonnables, et que ce détail n'avait pas manqué d'attirer l'attention. Celui-ci s'en souviendra lorsque Dormel, trop confiant en sa bonne étoile, connaîtra les pires ennuis.

VI

La rencontre avec Pagnol

En 1925, Esther met au monde une petite fille, Paulette. Agé de quarante-deux ans, Raimu fond devant cette enfant tardive. Et sa tendresse pour la maman n'en est que plus forte. Entre lui, homme mûr, et la jeune et belle Esther s'établissent d'ailleurs très vite des relations qui, sans ignorer la sensualité, se fondent surtout sur l'affection. Mais ils sont trop dissemblables pour se comprendre tout à fait. Pour vivre une vie de couple soudé par la complicité.

Raimu a pris l'habitude d'appeler Esther « Minouche » ou « Mamine ». Il ne lui serait jamais venu à l'idée de prononcer des mots doux comme « ma chérie » ou « mon amour ». Car Raimu, même dans l'intimité de son milieu familial, n'a aucune prédilection particulière pour les effusions langoureuses. Il aurait plutôt tendance à manifester son affection de manière un peu rustre. En fait, Raimu refuse de se laisser attendrir. Plus par timidité que par manque de sensibilité. Aussi a-t-il avec Esther — en raison de la trop grande différence d'âge — une attitude plus proche du comportement paternel que de celui d'un mari. Le tout agrémenté par des expressions dans le genre « Grande fadade » ou encore « Tu serais pas un peu couillon dans ton genre ». Ce qui fait, certes, couleur locale mais ne s'inscrit peut-être pas dans la droite ligne d'une tradition propice aux plus complices et chaleureux rapprochements.

De surcroît, Raimu devient de moins en moins disponible. Son travail l'accapare complètement. Et même s'il s'efforce, à la moindre occasion, de couvrir de cadeaux sa compagne, nul doute que la fidélité ne reste pas très solidement attachée à leur vie commune.

Beaucoup plus qu'une mère, Esther est une femme et elle s'occupe assez peu de Paulette qui se sent plus proche de son père. C'est lui qui l'emmène au Cirque d'hiver ou au cinéma. Tout particulièrement le jeudi. Il a d'ailleurs exigé, par contrat, de ne pas tourner le jeudi car, dit-il : « C'est le jour de la petite. » Il déjeune avec elle au *Fouquet's* et tous deux se rendent ensuite au cinéma pour voir des films d'aventure ou des policiers américains. Un genre qui passionne tout particulièrement Raimu, fasciné par Humphrey Bogart. A la sortie, il ne tarit pas de commentaires sur le jeu des acteurs ou sur la qualité du scénario.

En fait, malgré la famille qu'il vient de fonder, Raimu reste foncièrement un solitaire. Un de ces solitaires qui, ayant peur de s'ennuyer, sont toujours largement entourés d'amis.

Sa réputation d'excellent comédien est établie. Et personne n'ignore plus que Raimu sait attendrir et émouvoir comme il sait si bien faire rire. Ce qui ne gâche rien. Qui plus est, il peut à lui seul porter le poids d'une pièce imparfaite, un peu bâclée ou hâtivement montée, et la sauver d'un naufrage presque certain.

Pour autant, Raimu n'est pas encore un acteur unanimement reconnu. Beaucoup s'en faut. Les têtes d'affiche du théâtre de Boulevard, les vrais premiers rôles, ceux qui fixent définitivement une carrière, sont le plus souvent réservés aux grandes vedettes que représentent pour le moment — et par exemple — Max Dearly, Harry Baur et André Lefaur.

A l'époque, chaque théâtre possède sa propre troupe. Max Maurey et les Variétés, qu'il dirige, ont la leur. Raimu en a longtemps fait partie. Les comédiens sont engagés à l'année et tenus d'accepter toutes sortes d'emplois.

Désormais, Raimu appartient à la troupe de Léon Volterra.

Léon Volterra a commencé par vendre les programmes du théâtre de la Scala. Il n'avait alors que douze ans, mais déjà un solide sens des affaires.

— Demandez l'programme ! Demandez l'programme !

— Merci, c'est combien ? répondait le quidam en tendant la main.

— Moi je le paye six sous... affirmait avec un aplomb sans égal le petit malin.

— Alors tiens, en voilà sept.

Formule excellente puisqu'elle fut reprise par tous les marchands de programmes. Mais à malin, malin et demi. Léon Volterra raconta plus tard que Tristan Bernard lui aurait un soir donné cette réplique pleine d'une douce ironie et d'une tendre indulgence :

— Six sous ? Mon jeune ami, vous vous faites voler comme dans un bois !

Dans ces années, Léon Volterra a prospéré et se trouve à la tête d'un véritable empire du spectacle. Qu'on en juge : il est tout à la fois le propriétaire du théâtre Marigny, sur les Champs-Élysées ; du Casino de Paris, rue de Clichy; du théâtre de Paris, rue Blanche[1] ; de la Gaîté-Rochechouart et encore de l'Alhambra de Bruxelles.

Mais aussi, Léon Volterra possède l'une des boîtes de nuit les plus en vogue de la capitale, *Le Perroquet* (installée dans les combles du Casino de Paris), et surtout le fameux Luna-Park, une gigantesque et permanente fête foraine (ouverte du côté de la porte Maillot) avec sa grande roue et ses mille et une attractions.

Volterra : un homme pour lequel un sou est un sou. Il a créé sa propre agence de spectacle, et même lorsque les guichets affichent « complet », il reste toujours quelques places, préalablement mises de côté, que l'on s'empresse de vous céder à des prix défiant toute concurrence, enfin... si l'on peut dire !

Volterra n'a pas son pareil pour faire des succès. Les auteurs font son siège, et il n'a qu'à choisir, parmi eux, ceux dont il flaire presque infailliblement le talent.

De même, il s'attache les meilleurs acteurs en leur

---

1. Le Casino et le théâtre de Paris sont d'ailleurs inclus dans le même pâté de maisons et communiquent alors entre eux.

offrant, outre d'excellents cachets, toute la diversité des genres que mettent en scène ses multiples salles.

C'est ainsi que Raimu va désormais passer du théâtre de Paris au théâtre Marigny, et inversement, puisqu'il fait partie de cette écurie (casaque rouge et blanche, toque rouge) qui rafle tous les prix sur les champs de courses anglais et français. Nul doute que M. Léon Volterra, comme à son habitude, n'a pas misé sur le mauvais cheval. La ravissante danseuse Gaby Deslys, Mistinguett, Maurice Chevalier, Jack Forrester et les Dolly Sisters (pour n'en citer que quelques-uns) ont eux aussi, un jour ou l'autre, été choisis par ce roi du spectacle parisien.

Alors que *La Revue nègre*, avec Joséphine Baker et le saxophoniste Sidney Bechet, triomphe au théâtre des Champs-Élysées, c'est au théâtre de Paris que, le 21 octobre 1925, Raimu revient sur scène, interprétant le rôle de Besagne dans *La nuit est à nous*, de Kistemaeckers. Vera Sergine, Sylvie et Henri Rollan sont de la troupe. La pièce déconcerte quelque peu la critique, même si elle reste à l'affiche plusieurs mois.

> *Toute la difficulté,* s'étonne Henri Bidou dans Les Débats, *en écoutant "La nuit est à nous", est de savoir ce que l'auteur a voulu faire. La première hypothèse qui vienne à l'esprit, c'est qu'il a voulu mêler le plaisir et le dramatique, le pathétique et le bouffon, comme le fait, paraît-il, la vie elle-même.*
>
> *Cette hypothèse explique tout, mais il est bien grave de prêter à Monsieur Kistemaeckers de si*

grands desseins pour l'accuser ensuite de ne pas les avoir tout à fait remplis. On peut donc se rabattre sur une autre conjoncture. Il y a toujours dans l'œuvre d'un auteur, une pièce qui contredit toutes les autres, et où l'auteur semble se parodier : c'est "Le Canard Sauvage" d'Ibsen, c'est "L'Ami des Femmes", dans l'œuvre de Dumas, ce sera "La nuit est à nous" dans l'œuvre de Monsieur Kistemaeckers...

Il a composé un « à la manière de » qui ne laisse pas d'être fort divertissant.

Après le théâtre de Paris, c'est le théâtre Marigny, en juillet 1926. *Vive la République!* proclame l'affiche. Le texte est de Sacha Guitry et d'Albert Willemetz. Raimu apparaît dans cette revue sous les traits du « Tigre »... autrement dit Georges Clemenceau soi-même. Formidable composition : le maquillage est savant et tellement réussi, la moustache, les sourcils et les cheveux blancs si bien portés que l'illusion serait presque parfaite; si ce n'était la voix.

Le 25 août, Raimu s'offre un intermède de quelques jours à la Scala, où l'on trouve *Vive l'Empereur!* de Jean Richepin et Yves Mirande. Cette fois, il campe le personnage de Cambronne. Le costume de général lui va à merveille. Et il galvanise son public, comme ce fidèle d'entre les fidèles savait galvaniser les soldats de la Garde.

« *Vive la République! Vive l'Empereur!* à quand *Vive le Roi?* » ironise un journaliste proche de l'Action française. Raimu revient au théâtre de Paris dans le rôle de Doran, le 1er septembre 1926, dans une pièce de Pierre Veber et Charles Quinson intitulée *La Vérité toute nue*. La vedette en est, une fois encore, l'éternel, l'inévitable Max Dearly.

Raimu n'abandonne pas le théâtre Marigny, ni le genre historique bien longtemps. Il les retrouve en mars 1928 dans *Le Diable à quatre*, pour enfiler, aussitôt après, une opérette à grand spectacle d'André Messager, *Coups de roulis*.

Décidément, Raimu attend toujours qu'on lui propose le vrai, le grand premier rôle qui fera le couronnement de sa carrière. Et puisque aussi bien celui-ci tarde à venir, il en prend son parti, boucle ses bagages, saute dans sa Chrysler avec Esther et la petite Paulette pour rallier Toulon.

La saison d'été compte parmi les plus belles du théâtre de verdure de Félix Mayol. Pas seulement parce que le Cap-Brun, ses pins parasols et ses oliviers embaument sous le soleil, mais aussi parce que le « Clos Mayol » constitue le point de ralliement de toute une bande de copains, et de nombreuses grandes vedettes de l'heure dont Maurice Chevalier, Lucienne Boyer, Mistinguett, Dranem, Jean Hervé, Jeanne Boitel, etc.

Une affectueuse complicité et une inépuisable bonne humeur président à ces retrouvailles entre gens de la balle. Et l'on ne se contente pas de festoyer, de dire des bons mots et de danser. Rien que pour le plaisir, on répète, puis on donne une représentation de *L'Arlésienne*[1] dans ce cadre enchanteur.

---

1. Drame en trois actes tiré des *Lettres de mon moulin*, d'Alphonse Daudet.

Ainsi, le 12 août 1928, avec la distribution suivante, à faire pâlir d'envie bien des directeurs : Raimu dans le rôle du patron Marc ; son vieux copain Félicien Tramel dans celui de l'équipage (à lui tout seul) ; Mayol dans celui de Francet Mamaï ; ainsi que Roger Gaillard, Jacques Renoux, Denis d'Inès et Madeleine Roch.

Et le spectacle s'achève par un petit bal auquel les spectateurs sont conviés.

Ni la pétanque ni le pastis ne nourrissent leur homme. Et Raimu, toujours angoissé par la peur de « manquer », ne s'attarde jamais plus d'un été sur la Côte.

Fin 1928, il fait sa rentrée au théâtre de Paris qui présente parmi une série de saynètes un sketch de ce délicieux Saint-Granier qui fit la joie de Paris pendant tant d'années. Il est intitulé : *Amies de pension*. L'énorme Pauley (cent vingt kilos) et Raimu, habillés de vêtements féminins, perruqués et fardés à souhait, se retrouvaient par hasard au bois de Boulogne. « Elles » s'embrassaient, folles de joie, évoquant leurs années au couvent des Oiseaux, passaient aux confidences. Puis la conversation devenait plus intime et Raimu, piquant du doigt le corsage monstrueux de Pauley, demandait d'un air coquin :

— Et que sont devenus les petits mignons ?

Pauley, après un grand soupir, répondait tristement :

— Les deux petits mignons sont devenus deux grands pendards...

Alors Raimu, avec une malicieuse fierté, s'écriait :

— Eh bien ! ma chérie, les miens sont restés si pointus que je dois les frotter au papier de verre tous les matins, sinon ils trouent mes soutiens-gorge.

Succès de fous rires assurés.

C'est à la fin de ce spectacle bon enfant que l'on frappe à la porte de la loge de Raimu. Un jeune homme d'une trentaine d'années se présente. Le cheveu brun et plat. Il flotte un peu dans son imperméable. Il est d'abord tout a fait décontenancé devant cette belle femme aux cheveux nattés et à l'élégance exubérante dans son ample robe bleue à pois blancs.

Timide, le jeune homme se présente : « C'est Mme Volterra qui m'envoie. Voilà je vous apporte une pièce, elle a bien voulu me signer un bulletin de réception pour le théâtre de Paris. »

Raimu trouve à son visiteur un charme certain, rehaussé d'un très honorable accent méridional. Ce qui l'intrigue.

— Dites-moi, vous ne seriez pas un peu du Midi ?

— Je suis né à Aubagne, en Provence, comme vous, monsieur Raimu.

A compter de cet instant, Jules se fait plus accueillant. Et son visiteur se sent davantage en confiance. Il explique à Raimu que l'on a déjà donné deux de ses pièces, *Les Marchands de gloire* et *Jazz*. Il précise encore que les Variétés ont récemment pris réception de *Monsieur Topaze*. Il ajoute enfin que ce manuscrit qu'il vient de remettre à Raimu s'intitule *Marius* et qu'il a tout spécialement écrit pour lui le premier rôle. Celui de maître Panisse.

Mais Raimu commence à s'impatienter. Toutefois,

il raccompagne fort civilement le jeune homme jusqu'à la porte de sa loge :

— Maître Panisse ? Bon, c'est promis, je la lirai votre couillonnade marseillaise. Revenez me voir dans quelques jours, je vous dirai ce que j'en pense.

VII

Topaze sauve Marius

Fils d'instituteur, Marcel Pagnol est né à Aubagne, (Bouches-du-Rhône), 16, cours Barthélemy, le 28 février 1895. Un fils d'instituteur, ça se doit, pour la réputation et l'honneur de son père, d'être un premier de la classe. Le petit Marcel, conscient de ses devoirs, ne déméritera pas : boursier, il obtiendra son baccalauréat avec mention « assez bien » en juillet 1912. Ce qui, pour l'époque, n'était pas une mince affaire. Puis, sur sa lancée, le jeune homme décrochera une licence ès lettres.

Ancien élève du lycée Thiers de Marseille, où Edmond Rostand avait lui-même usé ses fonds de culotte, Marcel Pagnol ne rêve que d'une chose : marcher sur les traces de son illustre prédécesseur, vivre de sa plume en remportant un triomphe au moins égal à ceux qu'ont connu *Cyrano de Bergerac* ou *L'Aiglon*.

Ne doutant de rien, il a fondé en 1914, une revue littéraire intitulée *Fortunio*. La guerre a mis fin à l'expérience dès le troisième numéro.

Maigre et maladif, le jeune Pagnol est très rapidement renvoyé dans ses foyers par le conseil de révision.

Répétiteur d'anglais, il enseigne successivement à Digne, Tarascon, Pamiers, Aix-en-Provence et Marseille, où il revient se fixer pour plusieurs années. Ses chères ambitions littéraires ne sont pas oubliées pour autant. Il écrit des bouts rimés et fait reparaître *Fortunio* après la guerre. Mais l'argent n'entre pas et l'imprimeur ne se contente pas de promesses de bénéfices : faute d'abonnés, la revue sombre dans les difficultés financières.

Pagnol s'obstine. En 1920, *Fortunio* est encore une fois relancée. A défaut de prospérer, la petite publication parvient à survivre grâce au père de l'un de ses élèves. Cet élève, devenu un ami, c'est Carlo Rim. De son vrai nom Charles Richard, et fils du directeur du *Petit Provençal.*

Le célèbre journal et son patron prennent *Fortunio* sous leur aile. Tant et si bien que, cette fois-ci, tous les espoirs semblent permis. Ce qui n'empêche pas Marcel Pagnol, en 1922, de monter à Paris, grâce à l'intervention d'un inspecteur d'académie qui l'a fait nommer au lycée Condorcet.

Bourré de talent, de volonté et d'ambition, le jeune répétiteur d'anglais veut profiter de l'occasion pour hisser sa revue au rang de concurrente du *Mercure de France.* Pas moins. Une véritable machine de guerre pour se faire un nom dans la capitale des arts et des lettres. Las... Ses amis restés à Marseille ne le suivent pas dans cette voie, et *Fortunio* continuera de végéter.

C'est par le truchement de son vieux complice Paul

Nivoix que Pagnol lie connaissance avec Charles Dullin, au théâtre de l'Atelier, avec Marcel Achard et d'Henri Jeanson. Mais il ne se contente pas de fréquenter le monde du théâtre. Il veut s'y imposer en tant qu'auteur dramatique.

Sous le pseudonyme de Castro, il signe un vaudeville intitulé *Tonton*. La pièce est jouée aux Variétés de Marseille, le 30 août 1923. C'est un four total.

Pagnol ne se décourage pas. L'espoir de créer une édition parisienne de *Fortunio* définitivement déçu, il écrit avec Paul Nivoix *Les Marchands de gloire*. La première représentation en est donnée le 15 avril 1925 au théâtre de la Madeleine, avec Gabriel Signoret, Suzy Prim et André Berley dans les principaux rôles.

Cette fois, ce n'est qu'un demi-échec, d'ailleurs tout à fait honorable. *Les Marchands de gloire* ne sont joués que treize fois, en tout et pour tout, mais la critique s'est montrée assez élogieuse.

La pièce est bientôt reprise en Belgique, sans plus de succès, puis à Moscou. Même si les Soviétiques refusent de payer des droits d'auteur, Marcel Pagnol a plus gagné, en quelques représentations, qu'en plusieurs années au lycée Condorcet.

Puis *Les Marchands de gloire* sont rejoués, pour très peu de temps, aux Folies dramatiques de Belleville. Après quoi, la troupe part en tournée dans l'Est de la France. Enfin, quelques mois plus tard, Pagnol apprend que sa pièce est à l'affiche d'un théâtre américain. Décidé à effectuer le grand saut dont il a tant rêvé, il se fait mettre en congé sans traitement de son poste d'enseignant.

Entre-temps, le jeune auteur est tombé éperdument amoureux de la belle Orane Demazis, qu'il a rencontrée chez Dullin, à l'Atelier.

L'actrice ne tarde pas à lui accorder ses faveurs. Leur liaison ne fait bientôt plus de doute pour personne. Pagnol est marié, mais il vit séparé de sa femme, Simonne, qui se refuse à entendre parler de divorce (il sera pourtant prononcé le 26 février 1941).

Ses affaires de cœur ne détournent pas l'auteur dramatique de ses projets. Il récidive avec *Un direct au cœur* sur la scène de l'Alhambra de Lille. Sans suite. Après quoi, le 21 décembre 1926, c'est *Jazz*, une pièce en cinq actes à l'origine, qui est créée lors d'une soirée de gala au Grand théâtre de Monaco, puis reprise au Théâtre des Arts, à Paris.

Harry Baur et Orane Demazis — comme il se doit — en campent les principaux rôles. Harry Baur parvient à convaincre Marcel Pagnol de l'inutilité de son cinquième et dernier acte. A juste raison, puisque *Jazz* dépassera la centième.

Pagnol n'est pas qu'un auteur dramatique : il se croit aussi un inventeur. Ses premières expériences se sont pourtant toutes soldées par des échecs cuisants. Ainsi le *Zé*, bateau révolutionnaire qu'il avait mis au point à Marseille, coula-t-il comme une enclume dès sa première rencontre avec l'eau. Et son sous-marin miniature propulsé par un élastique, s'il a fonctionné, n'a jamais trouvé preneur.

En cette année 1927, Pagnol travaille à l'élaboration d'un nouveau moteur à explosion. Dans le même temps, tandis qu'Henri Jeanson écrit *Toi que j'ai tant aimé* et Marcel Achard *Jean de la Lune*, il s'attelle à la rédaction de *La Belle et la Bête*, qui changera de titre pour devenir *Monsieur Topaze*, puis *Topaze* tout court.

Il a d'autre part mis en chantier un vaudeville intitulé *Marius*, sur une idée que lui a soufflée le comédien Pierre Blanchar. L'action se déroule sur le Vieux-Port de Marseille et met en scène une marchande de coquillages, un garçon de bar — dont la jeune femme est amoureuse — et un riche commerçant qui fait office de barbon.

Dans le rôle du jeune premier, Pagnol verrait bien son ami Charles Corbessas, l'un de ceux qui ont participé à l'aventure de *Fortunio*. Mais il range provisoirement *Marius* dans un tiroir, car il se veut un auteur sérieux, et *Topaze* lui paraît mieux correspondre à l'idée qu'il se fait de sa carrière dramatique.

Pour *Topaze*, les choses se présentent d'ailleurs plutôt bien. René Blum, frère de Léon Blum et directeur du Grand Théâtre de Monte-Carlo, l'accepte. Cependant, Pagnol se paie le luxe de faire la fine bouche. C'est à Paris qu'il veut être représenté.

Pierre Blanchar joue les bons offices auprès du théâtre Sarah-Bernhardt, où il se trouve sous contrat. En vain. Des manuscrits sont adressés à Louis Jouvet, pour la Comédie des Champs-Élysées, à Firmin Gémier, pour l'Odéon, et à Victor Boucher, pour le théâtre de la Michodière. D'emblée, ces trois derniers se disent intéressés. Mais ils ne s'engagent pas pour autant.

Les choses en restent là jusqu'à ce que Max Dearly prenne contact avec Marcel Pagnol. Grand comique et acteur de vaudeville en renom, Dearly vient de se voir confier la direction du théâtre du Palais de la Méditerranée, à Nice. Il se propose d'y créer *Topaze*, puis de reprendre la pièce, plus tard, au théâtre de Paris.

Le théâtre de Paris, c'est le boulevard, et Pagnol craint par-dessus tout de s'y fourvoyer. Une fois de plus, il tergiverse.

Finalement, il se fait à cette idée. Mais c'est de Max Maurey, directeur des Variétés, qu'il accepte de recevoir son bulletin de réception. Un bulletin de réception n'est pas une formalité. Celui qui le signe inscrit la pièce concernée à son répertoire, et s'engage à la faire jouer même si aucune date ni délai ne sont précisés.

Ayant fait faux bond à Max Dearly, Pagnol se rattrape en lui soumettant le manuscrit de *Marius*. Le texte échoue sur le bureau de Simonne Volterra qui le donne à lire à son mari. *Marius* retient son attention au point qu'il convoque son auteur. Un autre bulletin de réception est aussitôt signé. Il est déjà question du théâtre Marigny et Simonne Volterra dirige Pagnol vers Raimu, lequel leur paraît tout indiqué pour jouer le rôle de maître Panisse.

Raimu a-t-il seulement parcouru le manuscrit de Pagnol ? Quoi qu'il en soit, l'auteur de *Marius* ne reçoit aucune nouvelle de lui.

Peu lui importe, après tout. La création de *Topaze* lui tient beaucoup plus à cœur pour le moment. Mais, là encore, ses premiers espoirs sont vite déçus. Max Maurey atermoie, repousse sans cesse le jour de commencer les répétitions. Le doute s'est emparé de lui au point qu'il se prend même à regretter d'avoir signé le fameux bulletin.

Pagnol le relance, insiste, lui rend visite sur visite, proteste. Rien n'y fait. Les directeurs de théâtre sont encore plus prompts à se désenchanter qu'à s'enthousiasmer.

Pourtant, le théâtre des Variétés accumule les revers. *Un miracle*, de Sacha Guitry, a fait un véritable four. De même que *La Fille et le Garçon*, un vaudeville de Georges Dolley. En désespoir de cause, Max Maurey finit par se décider : il montera *Topaze*.

Fin septembre 1928, les répétitions commencent. André Lefaur campe le personnage de Monsieur Muche, Pierre Larquey celui de Tamise, et Jeanne Provost a été préférée à Jeanne Renouardt pour le rôle de Suzy.

La générale a été fixée au 9 octobre. Ce jour-là, Maurice Chevalier donne au Claridge une brillante réception : le soir même, il va s'embarquer pour les États-Unis. Il a rendez-vous avec Ernst Lubitsch, à Hollywood, pour tourner *La Veuve joyeuse*. Toute la presse, tout Paris n'en a que pour cet événement. Mais Max Maurey fait bien les choses; avec beaucoup d'entregent, il parvient à rameuter bon nombre des invités de « Momo », et à les conduire jusqu'à son théâtre.

Outre les amis de Pagnol, c'est-à-dire Marcel Achard, Henri Jeanson, Paul Nivoix et Carlo Rim, tous les critiques et tous les journalistes qui comptent sont dans la salle : l'inévitable Pierre Brisson, Franc Nohain, James de Coquet, Maurice Rostand, Fortunat Strowski. Pagnol retient son souffle.

Vers minuit, lorsque le rideau tombe, la cause est entendue. Tout le public est debout et la salle croule sous de formidables acclamations. Tout acquis à la réussite de la pièce, Maurice Rostand ne craint pas d'affirmer :

— J'ai entendu dans l'ombre les applaudissements de Molière et de Marivaux.

Le lendemain, l'ensemble de la presse rend un hommage enthousiaste à l'œuvre de Marcel Pagnol.

Le public emboîte aussitôt le pas à la critique. Dès le 11 octobre, des files s'allongent devant les guichets du théâtre des Variétés. Puis les mêmes guichets ne tardent pas à afficher « complet », et ceci jour après jour, semaine après semaine, mois après mois.

La fortune de Pagnol est faite, et son nom est sur toutes les bouches. Au point que, très bientôt, Simonne et Léon Volterra se souviennent qu'ils lui ont signé un bulletin de réception.

Tout poussiéreux, *Marius* ressort du tiroir aux oubliettes où il avait déjà été rangé. L'adresse de son auteur est rapidement retrouvée. Un courrier part dans les vingt-quatre heures qui suivent, lui annonçant que sa pièce est inscrite au prochain tour du théâtre de Paris.

Quelques jours plus tard, une Hispano-Suiza se gare rue Blanche, devant le théâtre où joue Raimu. La voiture est flambant neuve. Marcel Pagnol vient tout juste de se l'offrir.

Dans les cinq minutes qui suivent, les Volterra le reçoivent. D'emblée, Léon Volterra annonce que les répétitions de *Marius* commenceront dès que la distribution sera fixée. La conversation s'engage sur ce terrain.

Dans le rôle de Marius, Marcel Pagnol verrait bien Pierre Blanchar. Juste retour des choses, puisque c'est ce dernier qui lui a donné l'idée de la pièce.

Léon Volterra ne fait aucune difficulté sur ce point. D'accord pour Pierre Blanchar. Mais dans le rôle de Fanny, il suggère d'employer Gaby Morlay.

— Elle est vraiment très bien, vous savez...

— Il n'en est pas questions, réplique Marcel Pagnol avec une parfaite assurance. Une seule actrice saura jouer Fanny avec talent.

— Qui donc ?

— Orane Demazis.

Un ange passe. Léon Volterra en tient pour Gaby Morlay, mais il n'ignore pas les relations de Pagnol et Demazis. Il ne dit ni oui ni non. Il remet à plus tard le moment de faire céder Pagnol. Ce moment-là ne se présentera jamais.

Puis c'est au tour du rôle de maître Panisse.

— Le personnage de Panisse me paraît convenir à merveille à l'excellent Victor Francen. Qu'en dites-vous monsieur Pagnol ?

— Victor Francen ? Un Belge ? Vous n'y pensez pas ! L'action se déroule dans le Vieux-Port de Marseille, ne l'oubliez pas ! Tous les acteurs doivent donc parler avec l'accent provençal, sinon la pièce sombrera dans le ridicule...

— Certes, certes, admet Léon Volterra. Mais alors, qui faut-il prendre ?

— Lors de notre dernière rencontre, nous étions tombés d'accord pour Raimu.

Le visage du directeur du théâtre de Paris se renfrogne tout à coup.

— Raimu... Raimu... Bien sûr. Seulement, monsieur Pagnol, je vous mets en garde. Raimu est un grand comédien, il sait tout faire et il a l'accent de l'emploi, nous ne le contestons pas. Ceci dit, croyez-en mon expérience du bonhomme : c'est l'empereur des casse-pieds. Il trouve toujours à redire sur ceci et cela, il fait des caprices et des colères monstrueuses, et il ne vous épargnera pas, tout auteur que vous êtes. Il n'aura de cesse de mettre son grain de sel dans tout, le décor, les costumes, la mise en scène, et même les répliques. Vous verrez...

— Je saurai m'entendre avec lui, rassurez-vous. D'ailleurs, nous sommes tous deux du même pays, donc nous nous comprendrons. Pour moi, malgré ses défauts — s'il en a — Raimu est irremplaçable.

— Soit, mais je vous aurai prévenu, monsieur Pagnol !

Cette fois-ci, Raimu ne manque pas d'ouvrir le manuscrit de Pagnol. Il le lit même plutôt deux fois qu'une.

D'emblée, il sent le texte, les situations, les dialogues. Mais il a beau tourner et retourner les pages de *Marius*, une chose le chiffonne. Il en a l'intuition, quoi qu'en pensent l'auteur et les Volterra, le rôle de maître Panisse n'est pas pour lui. Non, l'occasion est trop belle pour se contenter de jouer les barbons. Le seul personnage qui l'intéresse, c'est celui de César.

— Mais enfin ! s'exclame Pagnol lorsqu'il apprend la chose de la bouche même de Raimu. Le rôle de Panisse, je l'ai écrit tout exprès pour vous ! Il est exactement taillé à votre mesure...

— Et moi je vous dis, monsieur Pagnol, que c'est le rôle de César qui est fait pour moi.

— Pourquoi donc ? Après tout, César n'est jamais qu'un second rôle ! Les vrais protagonistes, ce sont Marius et Panisse. Toute l'intrigue repose sur eux deux, et eux deux seulement !

— C'est le rôle de César que je veux, continue Raimu d'un air buté.

— La belle affaire que ce rôle, ironise Pagnol. César, il joue les utilités; on le voit deux fois moins que maître Panisse et son texte est plus court de moitié...

— Vous n'avez qu'à l'étoffer, changer deux ou trois scènes.

Tant d'entêtement désarçonne l'auteur dramatique. A croire que Volterra avait raison. Que lui trouve Raimu de tellement important, au rôle de César, qu'il soit prêt à tout lui sacrifier ?

— D'abord, lui explique le comédien, César est le père de Marius. D'autre part, il est l'ami de Panisse. Troisièmement, c'est lui le patron du bar de la Marine. C'est donc lui qui reçoit et qui est le maître. Après tout, les autres ne font que lui rendre visite. Et puis il y a autre chose...

— Quoi ?

— C'est que César me ressemble, avoue enfin Raimu. Ses tendresses, ses colères, sa mauvaise foi sont les miennes.

L'assurance et l'obstination de Raimu ne laissent pas de rendre Pagnol perplexe.

Marcel Pagnol a fini par se rendre à l'évidence : c'est Raimu, d'instinct, qui a raison. César et son bar constituent les pivots de toute l'action.

En foi de quoi, l'auteur accepte de modifier son texte. Courant de-ci de-là dans les tirades de maître Panisse, rallongeant d'autant telle ou telle scène dans laquelle apparaît César. Petit à petit, ce dernier devient tout naturellement le héros de l'histoire. A lui le légendaire « Tu me fends le cœur ». A lui encore de prononcer la fameuse tirade sur la marine française...

Non seulement Pagnol s'est rendu aux arguments de Raimu, mais il prend celui-ci en amitié. De plus en plus fréquemment, tandis que les décors de la pièce se préparent, les deux hommes se retrouvent pour déjeuner ensemble Chez Titin, un restaurant de la rue La Bruyère, non loin du théâtre de Paris.

A part Raimu et Orane Demazis, la troupe n'est pas encore constituée. Pierre Blanchar, initialement pressenti pour le rôle de Marius, s'est avéré indisponible. Il a été engagé, il y a peu, par Henri Bernstein au Gymnase.

Léon Volterra savait de quoi il parlait. Raimu se mêle de tout. Et plus particulièrement des questions de distribution. Un jour, il avance le nom de son cher vieux complice Tramel pour jouer le rôle de maître Panisse. Pagnol ne dit pas non. Mais Félicien est lui-même pris par ailleurs.

Finalement, c'est quand même Raimu qui déniche l'oiseau rare.

— Hier soir, déclare-t-il un jour à Pagnol, je suis allé à l'Odéon. On y donne une pièce de Roger Ferdinand, *Chotard et Compagnie.* J'y ai vu jouer l'homme qu'il nous faut pour tenir le rôle du maître voilier : Fernand Charpin.

— A-t-il l'accent ?

— Comme nous tous ! Il est de Marseille.

— Alors je m'en vais à l'Odéon dès ce soir.

— Vous m'en direz des nouvelles, ne craint pas d'affirmer Raimu, sûr de lui.

Une fois de plus, Marcel Pagnol doit abonder dans le sens de ce diable de comédien. Charpin est bon.

Plus que bon : le meilleur Panisse qu'on puisse imaginer. Volterra n'a plus qu'à s'incliner.

Dans la foulée, Paul Dullac accepte le rôle d'Escartefigue, le capitaine du ferry-« boîte », Maupi celui du chauffeur du même ferry-« boîte », Pierre Asso celui de M. Brun, le vérificateur des douanes d'origine lyonnaise, Alida Rouffe celui de la marchande de poisson et mère de Fanny.

Reste un problème. De taille, puisqu'il s'agit rien moins que d'attribuer le personnage de Marius.

Pagnol songe à son ami Charles Corbessas, tandis que Raimu ne jure que par Antonin Berval. Tour à tour, chacun paraît tout près de l'emporter. Un jour, c'est Corbessas qui tient la corde. Le lendemain, c'est Berval qui mène d'une courte tête.

Léon Volterra s'impatiente. Plutôt que de départager les deux comédiens — et de mécontenter, par la même occasion, Pagnol ou Raimu — il choisit d'en imposer un troisième.

Ce tiers larron, c'est Pierre Fresnay, sociétaire de la Comédie-Française, le « jeune premier » du moment. Pagnol se récrie, mais Volterra n'en démord pas. Quant à Raimu, s'il ne conteste pas le talent de l'acteur, il pique néanmoins l'un de ces coups de sang dont il a le secret.

— Fresnay ? Pierre Fresnay ? Cet « Alzatien » ? Mais bonne mère, Marseille n'est pas Strasbourg ! Il est complètement jobastre, ce Volterra !

On démontre à Raimu que Pierre Fresnay a fait deux années de service militaire à Marseille. Et qu'il peut parler avec « l'assent » comme tout bon Provençal ! Raimu encaisse le coup sans rien dire. Jusqu'à ce qu'il trouve un nouvel argument, qu'il croit définitif mais qui n'est que de mauvaise foi. Cet argument, il l'assène Chez Titin, devant Pagnol, et en prenant Titin lui-même à témoin.

— Dis-moi un peu, Titin...

— Monsieur Raimu ?

— Toi, tu es bien de Marseille, n'est-ce pas ?

— Pardi ! Autant qu'on peut l'être, monsieur Raimu. Pourquoi, elle est pas bonne, ma bouillabaisse ?

— Si, elle est bonne, Titin, mais il n'est pas question de ça. Écoute-moi bien et réponds-moi franchement : es-tu catholique ou protestant ?

— Euh... Catholique, bien sûr...

— Et connais-tu un seul mastroquet du Vieux-Port qui soit protestant ?

— Ma foi non ! Pas un seul, monsieur Raimu.

— Je ne te le fais pas dire, merci, Titin. Alors quoi ? triomphe Raimu en se tournant vers Pagnol. Tu vois bien que ce parpaillot de Fresnay ne peut pas faire l'affaire !

Mais Raimu doit s'incliner. C'est bel et bien Pierre Fresnay qui est retenu pour *Marius*. Le temps presse, la pièce est prévue pour le début mars. Le 15 janvier 1929, les répétitions peuvent enfin commencer.

> *Elles se déroulèrent dans une astmosphère merveilleusement amicale,* raconte Pagnol dans ses souvenirs[1]. *Raimu menait le jeu avec une*

1. Longuement développés dans deux articles signés de l'auteur dramatique et publiés par *Le Figaro* des 24 et 31 août 1963.

aisance et une patience qui étonnèrent Volterra. La troupe provençale faisait retentir les couloirs de cris et d'éclats de rire qui réjouissaient le cœur de Valentin, le régisseur. Et lorsque celui-ci n'avait convoqué que deux ou trois comédiens pour répéter une scène importante, tout le monde, et même les machinistes inutiles, venait au théâtre pour y assister!

L'avant-veille de la générale, un Parisien ami de Volterra est convié à assister à une répétition. Élégant, les manières distinguées, portant monocle, il s'installe au milieu de l'orchestre. Pagnol surveille ses réactions du coin de l'œil, le voit vaguement sourire deux ou trois fois, mais sur des répliques qui ne sont nullement comiques. A la fin du premier acte, il vient s'asseoir près de lui, et demande :

— Est-ce que cette pièce vous intéresse ?

L'homme, qui ne connaît pas Pagnol, remonte son sourcil pour libérer son monocle, sourit, et dit :

— Je crois qu'elle me plairait, si je comprenais ce qu'ils disent.

— Vous trouvez qu'ils ne parlent pas assez haut ?

— Non, ce n'est pas ça... Mais il y a des tournures de phrases très incorrectes, et puis cet accent qui déforme les voyelles... J'ai beaucoup de peine à suivre. Nous sommes bien loin de Claudel !

Et voici Pagnol consterné, quand soudain retentit la puissante voix de Raimu. Occupé à mettre en place quelques accessoires, il a tout entendu et crie solennellement, comme s'il était à cent mètres de Pagnol :

— N'écoute donc pas ce que dit ce monsieur. Il est célèbre pour sa bêtise. Oui, monsieur, vous, oui. Je savais que vous étiez bête, mais je ne savais pas que vous étiez sourd !

Et, emporté d'un coup par une de ses colères homériques, il hurle :

— Mais qui est-ce qui a permis à cet imbécile de venir nous espionner ?

Il fait deux pas en arrière, lève la tête vers les cintres.

— Baissez le rideau ! On continuera quand ce borgne sera parti !

Tandis que le rideau descend, l'homme au monocle se lève, hausse les épaules, et disparaît.

Cet incident ne fait que rapprocher Pagnol et Raimu qui, désormais, tels de vieux complices, se tutoient et vont vivre une amitié profonde et tumulteuse. Quant à Pierre Fresnay, vite adopté, son accent plus vrai que nature rassure les derniers hésitants. Il faut dire que, doté d'une conscience professionnelle étonnante, cet « Alzatien » est allé se tremper quelques jours à Marseille. Histoire d'étudier son personnage en passant tout son temps à la terrasse des cafés du Vieux-Port. Sa gentillesse, son tact, son intelligence et son talent font le reste. Raimu lui-même se laisse séduire.

Maintenant que la distribution est faite, Raimu se mêle de la mise en scène. Il règle les entrées, les places et les passages de chacun, le jeu des uns et des autres. Il fait aussi changer le décor. Le bar ne s'intitule plus « de la Marine », mais « Chez César », afin que nul n'ignore qui est le vrai maître à bord.

Cela ne lui suffit pas. Il lui faut encore obtenir la suppression d'un acte tout entier. Il le juge superflu. Pagnol finit par céder à ses instances, qui semblent effectivement justifiées puisqu'il reconnaît que l'acte en question ralentissait l'action. A l'inverse, Raimu demande qu'on rétablisse une scène que l'auteur avait coupée en croyant bien faire. Et quelle scène ! Il s'agit tout simplement de la célèbre partie de cartes, sans laquelle *Marius* ne serait peut-être pas entré dans la légende.

Pierre Fresnay gardera un souvenir inoubliable de ces répétitions. Et une grande admiration pour Raimu, ainsi qu'il en témoignera par écrit, beaucoup plus tard, auprès de Roger Régent[1] :

> *Les répétitions de Marius sous la direction de Raimu furent pour moi une découverte et un enchantement. Il possédait au degré le plus délicat le sens de la place du comédien dans le décor, de ses rapports avec ses partenaires, du déplacement commandé par le texte et qui le ponctue avec justesse, de la cadence de la réplique et de la scène. La part de Raimu, metteur en scène, a été considérable dans le succès de* Marius, *autant peut-être que sa part de comédien; et pas seulement par ce qu'il apportait aux interprètes, mais à Pagnol lui-même. [...]*
>
> *Que de coupures judicieuses il a provoquées, de modifications nécessaires il a obtenues ! Je n'ai pas le souvenir d'une intervention de sa part qui fût douteuse ou discutable : un travail parfait qui m'a appris, sans aucun doute, la rigueur de notre métier et la part qu'y tiennent le bon sens et la logique simple. [...]*

1. *Op. cit.*

Évoquant les colères légendaires et répétées de Raimu, Pierre Fresnay ajoute :

> *La défense raisonnée d'un point de vue, l'argumentation n'étant pas son fort, d'une part il s'exaspérait vraiment, d'autre part il trouvait dans la colère le seul moyen de faire triompher une conviction qu'il savait juste. Dans ses débordements, il était, il est vrai, capable de la pire et de la plus pittoresque mauvaise foi, mais presque toujours sa position au départ était la bonne. [...]*
>
> *Je lui ai donné la réplique dans* Marius *près de six cents fois — c'est long, six cents fois — je ne l'ai jamais vu "lâcher" une seconde, jamais céder à l'automatisme contre lequel il est si difficile, parfois si douloureux, de lutter après les longues séries. C'est un mérite plus rare qu'on ne croit.*

De fait, tout le talent, tout le génie de Raimu, devrait-on dire, semblent se révéler d'un seul coup. Avec son interprétation de César dans *Marius*, c'est une certitude.

VIII

« Je parle comme à la maison ! »

C'est donc le 9 mars 1929 qu'a lieu, au théâtre de Paris la générale de *Marius*. Ce jour-là, cela fait cinq mois que *Topaze* triomphe aux Variétés. Pas moins de cent cinquante représentations. Et cette réussite va se poursuivre au-delà de nos frontières : Londres, Bonn, Rome, Bruxelles, Bucarest, Moscou s'apprêtent à accueillir le chef-d'œuvre de l'ex-petit prof d'anglais.

Mais *Marius* ? Quel sort l'attend, ce 9 mars ? Le dur public parisien et la critique sont-ils disposés à fêter deux fois de suite le même auteur ?

Pendant les deux premières scènes de *Marius*, un silence total, méfiant, s'installe dans le public. Et l'angoisse dans le cœur de l'auteur. Raimu le sent. Entre deux répliques, dans les coulisses, Raimu chuchote à Pagnol : « Ils ont envie de rire, mais ils ne veulent pas ! T'inquiète pas, Marcel, on va les avoir ! »

Peu de temps après, la cause est effectivement entendue. Avec des gestes et des mimiques irrésistibles pour composer un « picon-citron-curaçao »,

Raimu fait basculer la salle dans un immense éclat de rire. C'est gagné. On savoure le jeu de Jules-César, l'émotion et la sincérité d'Orane Demazis, la maîtrise de Fresnay, l'autorité souriante de Charpin, le pittoresque et la justesse de ton de toute la troupe.

A la fin de la pièce, le public fait à Raimu une formidable ovation. Il n'en revient pas, exprime sa stupéfaction à Pagnol quand celui-ci, éperdu de bonheur, l'étreint dans sa loge : « Je n'y comprends rien, fait Jules. Dans ce rôle je dis le texte, rien de plus, je parle comme à la maison, et tout d'un coup c'est un triomphe ! Je me demande bien pourquoi ! »

Pourquoi ! Avec sa composition de César, Raimu s'installe dans un genre qui est précisément le mélange des genres et le place d'emblée au zénith. Les autres grands de l'époque — tels Dullin et Jouvet, Michel Simon et Saturnin Fabre, Blanchar et Jules Berry, Harry Baur et Fresnay — jouent sur un seul registre. Deux à la rigueur pour Michel Simon. Raimu, lui, pratique le perpétuel mariage des contraires et des contrastes : il est grand dans la truculence, saugrenu dans le tragique, ridicule dans la cérémonie, cérémonieux dans le ridicule. Au service d'une extraordinaire variété d'expressions et d'un ton grognon, émouvant, affectueux, la voix à l'inimitable accent méridional peut offrir les intonations les plus variées dans l'intervalle de quelques mots. Sourde et caressante dans l'émotion mais apocalyptique dans la fureur, elle confère aux personnages de Raimu une « humanité vraie ». Elle lui permet de changer de clavier avec une habileté et un naturel étonnants, et de faire ainsi passer le public du rire aux larmes en une fraction de seconde : les spectateurs de *Marius* en font l'expérience avec bonheur.

Et la critique, unanime, entérine l'enthousiasme du public, elle salue ce doublé unique dans les annales du théâtre. Un véritable concert de louanges s'abat sur Pagnol. Qu'on en juge en lisant le compte rendu publié par *L'Illustration* :

> *S'il y a, en Monsieur Marcel Pagnol, un auteur satirique, dont la verve âpre s'est déjà exercée aux dépens des "Marchands de gloire" ou des hommes politiques, il y a aussi, sous ce masque d'ironie, une sensibilité furtive, un goût nostalgique du rêve et de cette évasion qui est le thème de tant d'œuvres modernes. C'est le fond de* Marius.
>
> *On a surtout été sensible à l'évocation pittoresque du décor, à l'animation des personnages.*
>
> *Marcel Pagnol, sans y songer, nous a donné un chef-d'œuvre de spontanéité et de bonne humeur.*

Le Figaro, sous la plume de James de Coquet, n'est pas en reste. Et cette fois-ci, Raimu n'a pas été oublié :

> *Avec une pieuse fidélité, Monsieur Marcel Pagnol a recréé sur la scène du théâtre de Paris toute la vie pittoresque du vieux port de Marseille, où les couleurs et les odeurs se mélangent, philtre diabolique qui sollicite tous nos sens à la fois. Rien n'y manque, ni les syllabes chantantes, ni la verve, ni ces âmes tendres où la vie a tant de prise.*
>
> *Les interprètes ont apporté à l'auteur la plus heureuse collaboration. Monsieur Fresnay, sous les traits de Marius, est charmant de naturel et*

de jeunesse. On le devine en proie à de sourds désirs longtemps réfrénés. Tout dans son personnage, jusqu'à son accent marseillais, nous semble authentique. Mademoiselle Orane Demazis a tracé de Fanny un visage non moins véridique. Elle a un jeu sans apprêt, une fraîcheur qui font merveille. Madame Alida Rouffe, qui nous arrive tout droit de la Canebière, est une commère d'une autorité magnifique. Monsieur Charpin est excellent.

Enfin, il y a Monsieur Raimu, dans le rôle de César, patron du Café de la Marine. Il est grandiose. Et l'on se demande par quel miracle ce bloc sonore arrive à traduire avec une si merveilleuse justesse les plus délicates nuances.

Jusqu'à Lucien Dubech, le féroce chroniqueur dramatique de *Candide*, qui s'est laissé séduire :

L'analyse ne donne aucune idée de la grâce et de la qualité exquises de cette pièce... On nous a fait de grandes théories littéraires sur les départs. Marcel Pagnol ne fait ni théorie ni littérature, mais un drame touchant et profond dans sa simplicité.

Un drame dont tous les sentiments sont vrais, dont toutes les péripéties découlent des sentiments et dont tous les personnages sont nobles.

Sans le flair de Raimu, son métier, son intuition, son expérience, sa force de conviction, *Marius* n'aurait pas été le classique qu'il est devenu. Qu'on y songe : Raimu aurait campé Panisse, Charpin n'aurait pas été de la troupe, et la partie de cartes n'aurait peut-être jamais été jouée !

Quoi qu'il ait pu dire de ce diable de comédien (« C'est l'empereur des casse-pieds »), Léon Volterra sait reconnaître ses mérites. Mais les compliments ne sont pas son fort. Aussi, lorsqu'il fait irruption dans la loge de Raimu, lui lance-t-il tout à trac :

— Dis-moi, Jules : tu gagnes combien ?

— Voyons, Léon, tu le sais mieux que moi...

— C'est-à-dire ? insiste le directeur du théâtre de Paris.

— Cinq cents francs par soirée.

— Désormais, ce sera mille francs, jette Volterra avant de s'en retourner comme il était venu, son gros cigare entre ses lèvres.

Sans Raimu, *Marius* ne serait pas tout à fait *Marius*, la cause est entendue. Mais sans *Marius*, Raimu serait-il tout à fait devenu Raimu ?

Jour après jour le théâtre de Paris, comme celui des Variétés, refuse du monde. Ce qui brise le cœur de M. Lehmann, le contrôleur penché sur les recettes. Et c'est tellement douloureux pour lui qu'en dépit des règlements de police et avec la complicité du régisseur Valentin, il installe devant les loges d'orchestre une rangée supplémentaire de strapontins, parfaitement frauduleux. De surcroît, l'un d'eux se trouve situé juste au-dessus d'une bouche de chaleur.

— Remarque bien, explique Lehmann à Marcel Pagnol, je le loue en dernier, et pas à tout le monde. Pas aux dames, à cause des robes. Ni aux messieurs trop gros : s'ils tombaient d'un coup de sang, ça dérangerait la représentation. Je le loue surtout aux grands maigres. Ils s'épongent le front, de temps en temps ils poussent de grands soupirs, mais ils tiennent jusqu'au bout.

— Et ils ne viennent jamais se plaindre, à la sortie ?

— Jamais ! Eh bien, Marcel, moi je dis que ta pièce est formidable, parce que pour garder un homme pendant trois heures sur un strapontin à vapeur, il n'y a que *Cyrano* ou *La Dame aux Camélias* !

Son formidable succès n'engourdit en rien l'étonnant professionnalisme de Raimu. Il se renouvelle chaque soir, réinvente sans cesse son rôle. Et il impose à ses partenaires d'en faire autant.

Ainsi, au bout de quelques semaines, Raimu trouve tout à coup que Charpin ne donne pas le meilleur de lui même, pour ne pas dire qu'il joue un ton « en dessous ».

— Écoute, Fernand... Tu es très bon, et pourtant tu peux mieux faire. De ton Panisse, tu n'as pas encore extrait tout le jus...

Ceci dit avec beaucoup d'amitié. Charpin ne s'en froisse pas. Car Raimu ne se contente pas de critiquer : il prêche par l'exemple en reprenant des tirades entières du maître-voilier, transformant certaines intonations, corrigeant telle ou telle attitude. De fait, traité de cette façon, le personnage de Panisse paraît plus vraisemblable, plus émouvant, et aussi plus rond que jamais.

Charpin retient la leçon. Appliquant à la lettre les judicieux conseils de Raimu, il s'attire les ovations du public. Au point que « César » finit par en concevoir une certaine jalousie. Un beau soir, n'y tenant plus, il parvient même, en variant son propre jeu, à couper les effets de maître Panisse... Qui n'en peut mais.

La représentation terminée, Charpin n'ose rien dire, mettant la nouvelle attitude de Jules sur le compte d'une humeur passagère, voire d'un oubli, d'une erreur, d'un trou de mémoire. Il n'en est rien, car la chose se répète le lendemain, puis le surlendemain.

Charpin, de guerre lasse, prend Pagnol à témoin des difficultés qu'on lui fait. Il s'y prend de telle manière que Raimu, qui n'est pas le huitième d'un sourd, ne peut que l'entendre.

— Monsieur Pagnol, j'ai à vous parler.

— Eh bien, qu'y a-t-il, mon cher Fernand?

— Il y a que Jules, après m'avoir indiqué une nouvelle sorte de jeu de scène, s'ingénie à me voler tous mes effets.

Raimu s'est approché et se mêle de la conversation sans aucune gêne.

— Tes effets! Tes effets! Comme tu y vas! s'exclame-t-il. Tes effets ne sont après tout que les miens, puisque je te les ai donnés!

— Il n'empêche, fait remarquer Pagnol (qui n'est pas dupe), que tu n'as pas été très chic. Ce qui est donné est donné. Le reprendre, comme on dit, c'est un peu le voler...

— Non môssieur!

— Et pourquoi non?

Et Raimu, grandiose:

— Parce qu'il faut rendre à César ce qui appartient à César!

Une autre fois, c'est Pierre Fresnay qui se trouve en butte aux caprices de Raimu. A la fin du deuxième acte, César s'apprête à monter se coucher. Marius va s'embarquer comme matelot, la nuit même et à l'insu de son père, sur *La Malaisie*. Au moment de lui souhaiter le bonsoir, il sait qu'il voit César pour la dernière fois avant longtemps. Pris d'une brusque tendresse, il lui déclare tout de go :

— Papa, je t'aime bien, tu sais...

César, tout décontenancé par cette remarque inhabituelle, finit par lui répliquer :

— Mais moi aussi, je t'aime bien, grand imbécile !

Sur quoi César ponctue sa protestation d'amour paternelle par un baiser sur le front de son fils.

Or, sans crier gare, Raimu a brusquement cessé, d'un soir à l'autre, d'embrasser Pierre Fresnay. Et ce dernier, de peur de s'attirer les foudres de Jules, charge Pagnol de tirer les choses au clair. Ce genre d'ambassade, le jeune auteur dramatique s'en passerait bien. Il sait par expérience combien il est difficile de faire une quelconque remarque à Raimu. Aussi, prenant des pincettes, aborde-t-il la question sans avoir l'air d'y toucher, en prenant le comédien à part dans sa loge.

— Au fait, mon cher Jules... J'ai par hasard remarqué que tu avais oublié d'embrasser Marius sur le front.

— Je n'ai pas oublié, je l'ai fait exprès.

— Ah oui ? Tiens... Il me semblait pourtant que cela ajoutait à l'intensité dramatique...

— J'ai mes raisons, bougonne Raimu.

— Bah, tu peux bien me les dire ? Quelles sont-elles, ces raisons ?

— Il y a que je suis un honnête homme, voilà tout.

— Mais, personne n'en doute. Et je ne vois pas très bien le rapport...

— Vé ! Justement, il en est bien question, de rapports... Et moi, je ne veux plus passer pour un pédéraste !

— Un pédéraste ! Bonne mère ! Pourquoi donc ? Un père qui embrasse son fils, c'est bien normal, non ?

— Je le pensais, moi aussi... Jusqu'à dimanche dernier. Figure-toi qu'un type m'aborde sur les Champs-Élysées, il me fait un tas de manières et me lance : « Quand vous embrassez Marius sur le front, on jurerait que vous avez envie de coucher avec lui ! » Tu te rends compte, Marcel, de quoi j'ai l'air ?

— Pas d'un pédéraste, Jules, je te jure... Ce type avait l'esprit mal tourné, c'est tout !

Mais Raimu ne se laissera pas convaincre facilement. Pagnol devra dépenser des trésors d'ingéniosité et de patience pour dissiper ses réticences injustifiées.

En ce jour de mai 1930, Marcel Pagnol et Léon Volterra viennent de faire leurs comptes. Ils ont tout lieu de se féliciter et de se frotter les mains : non seulement le théâtre de Paris ne désemplit pas, mais Volterra prévoit que *Marius* tiendra l'affiche encore deux saisons durant.

Sur ces heureuses perspectives, l'auteur dramatique s'en va déjeuner à quelques pas de là, dans un petit restaurant de la rue Blanche. Il n'a qu'une idée en tête, celle de la nouvelle pièce qu'il vient de mettre en chantier, *Fanny*, qui racontera la suite de *Marius*.

Juste comme il franchit la porte du restaurant, il tombe nez à nez avec Pierre Blanchar, de retour d'un voyage à Londres. Encore tout enthousiasmé de son séjour, Blanchar raconte qu'il a vu là-bas le temple du plus extraordinaire spectacle, le Paladium. Avec à l'affiche *Broadway Melody*. Et Blanchar d'insister :

— C'est du vrai cinéma parlant ! Époustouflant ! Imagine une heure et demie de sons et d'images parfaitement simultanés. Une véritable révolution. A mon avis, le théâtre n'en a plus pour très longtemps. Dépassé, mon vieux. Condamné !

Devant l'émerveillement de son ami, Marcel Pagnol reste cependant perplexe. Mais en dépit de sa peur de prendre le bateau, il lui promet d'aller à Londres pour se rendre vraiment compte sur place.

La plupart l'ignoraient, mais il y avait beau temps déjà que le cinéma « parlant » avait été inventé. Dès 1889, pour être exact, une première tentative de sonorisation avait été élaborée dans les laboratoires Edison.

En juin 1895, à Neuville-sur-Saône, les photographes français s'étaient réunis en congrès. L'arrivée des congressistes fut filmée par Louis Lumière soi-même, ainsi que l'entretien consécutif d'un astronome et du conseiller général du Rhône.

Le tout fut projeté dès le lendemain devant la digne assemblée. Alors que les images défilaient sur l'écran disposé à cet effet, derrière celui-ci se tenait le conseiller général en personne, lequel s'appliquait à répéter les paroles qu'il avait prononcées la veille.

Quelque temps plus tard, ce fut au tour de Georges Méliès de vouloir joindre le son à l'image. Lors des projections de ses films, dans la salle obscure un comédien s'ingéniait à « lire » sur les lèvres des acteurs, tandis qu'un pianiste improvisait sur son instrument. Très vite, de nombreux inventeurs tentèrent de perfectionner le système.

A l'aube du XXe siècle, de véritables films chantants avaient été proposés au grand public, entre autres par la firme Pathé : un phonographe était mis en marche en même temps que le projecteur.

Mais le problème de la synchronisation restait entier. Il fut en partie résolu avant la Première Guerre mondiale.

Dans la salle du Gaumont-Palace, à Paris, de vrais films parlants furent donnés en représentation : il s'agissait en fait de « play-back », puisque le son était fixé préalablement à l'image. Les acteurs s'étaient efforcés de donner l'illusion qu'ils avaient été enregistrés en même temps que filmés.

Grâce à un procédé d'amplification par air comprimé, le son était rendu à peu près audible et compréhensible pour les six mille spectateurs du Gaumont-Palace. Mais la qualité en était néanmoins si mauvaise que le système se trouva assez rapidement abandonné.

L'invention de la T.S.F., de la radiophonie, et donc du microphone bouleversa les données du problème.

Le 6 octobre 1927 parut aux États-Unis *Le Chanteur de jazz*, d'Alan Crosland, avec Al Jolson. Il remporta un extraordinaire triomphe. Film muet pour la plus grande part, il comportait plusieurs sketches musicaux ou parlants (le son était encore enregistré sur disque de cire).

Un an plus tard, *Lights of New York* constitua le premier « cent pour cent parlant et chantant » de l'histoire du cinéma.

Ces films, projetés en France, furent plutôt mal

reçus à cause de la barrière de la langue. Quant à *Broadway Melody*, d'Harry Beaumont, avec Bessie Love pour vedette, si prisé par Blanchar, ce n'était jamais que du music-hall filmé. Mais justement, il n'était pas nécessaire de comprendre la langue pour comprendre l'intrigue, au demeurant fort simple.

Marcel Pagnol, comme Pierre Blanchar et Raimu, ainsi que tous les gens de théâtre, avaient parfaitement ignoré, jusque-là, les premières expériences du genre et la révolution qui était en marche.

Pour une raison bien simple en vérité. Le cinéma ne représentait pour eux qu'une sorte d'attraction de foire. Bref, ils le considéraient comme un genre mineur.

Ainsi, quelques semaines avant la sortie de *Broadway Melody*, et peu après *Sous les toits de Paris*, de René Clair (un compromis entre le muet et le parlant), était paru le premier « parlant et chantant cent pour cent français », intitulé *La route est belle*, avec André Bauger, de l'Opéra-Comique, dans le premier rôle. L'événement était passé complètement inaperçu des trois amis, comme de tous ceux du métier.

Néanmoins, dans le cas de Pagnol comme dans celui de Blanchar, la curiosité l'emporta finalement sur l'indifférence.

L'auteur dramatique, surmontant sa répugnance maladive pour le transport maritime, s'embarque un soir à Boulogne pour traverser le Channel en direction de Douvres.

Dès le lendemain de son arrivée à Londres, il assiste à la première séance quotidienne du Palladium.

Il n'en croit ni ses yeux ni ses oreilles. Au point qu'il ne quitte son fauteuil qu'à la fin de la projection suivante. Et qu'il retourne par deux fois au Palladium le jour suivant.

Lorsqu'il est tout à fait convaincu de la réalité de l'existence du cinéma dit parlant, il s'en revient à Paris par le premier bateau, des projets plein la tête.

Quelques jours plus tard, Pagnol fête la cinq centième représentation de *Topaze*. Heureux événement, s'il en est, dans la carrière d'un jeune auteur dramatique.

Dans la foulée, il célèbre la trois centième de *Marius*. C'est à cette occasion qu'il prend à part Raimu et qu'il lui explique sa découverte du Palladium de Londres.

— Le cinéma parlant ? s'exclame Raimu en haussant les épaules. C'est une galéjade. La belle affaire qu'un phonographe qu'on met en marche en même temps qu'une lanterne magique!

— Non, Jules, je t'assure: c'est quelque chose d'extraordinaire. Je dirais même qu'il s'agit là d'une véritable révolution.

— Tu exagères, Marcel. Après tout, ce n'est jamais qu'une attraction foraine, au mieux du théâtre filmé et mis en boîte...

— Peut-être. Et quand bien même, après tout ? Cela offre tellement d'avantages...

— Et quelles sortes d'avantages vois-tu à faire du théâtre en dehors du théâtre ? Moi, je n'en vois aucun. Chaque soir, sur la scène, on joue la même chose d'une façon différente. Tu modifies un peu les répliques, les intonations, tu joues autrement. C'est l'air du temps qui veut ça. C'est aussi l'attitude du public. Parce qu'il se passe quelque chose, chaque soir, entre les acteurs et le public. C'est pareil avec une jolie femme ! Un soir tu la caresses, le lendemain tu la bouscules un peu, la troisième fois tu lui fais plaisir. Tu improvises, quoi ! C'est ça, la vie ! Au cinématographe, tout est mort, définitif, raide, sans chaleur, sans aucune place pour l'amour du public et la fantaisie des acteurs. Voilà ce que j'en pense, de ton cinéma parlant !

— Je te comprends, Jules. Et pourtant, crois-moi, il y a bien des avantages. D'abord, au théâtre, les gens sont plus ou moins bien placés. Selon qu'ils se trouvent au premier ou au dernier rang, au parterre ou dans les galeries, ils voient chacun un spectacle différent. Au cinéma tous voient la même chose : ce que la caméra a bien voulu leur montrer, un gros plan ou une vue d'ensemble.

— Sornettes ! s'écrie Raimu, qui s'échauffe visiblement. C'est pareil au cinéma qu'au théâtre ! Quand tu es assis tout au fond d'une salle de cinéma, comme au théâtre, tu vois moins bien que si tu étais assis devant !

— Si tu veux. Mais écoute-moi bien : au théâtre, tu joues devant combien de personnes à la fois ? Cinq cents, mille ? Mille cinq cents ?

— Tu peux aller jusqu'à deux mille.

— Disons deux mille. Mais avec le cinéma parlant, tu joueras dans dix, vingt, cinquante ou cent salles à la fois ! Le même soir ! tu feras rire, pleurer, rêver sur les boulevards, sur la Canebière et à Tombouctou dans le même moment ! Et en plus, pendant ce temps-là, tu resteras chez toi à rien faire !

Un instant, Raimu reste sans voix. Il rumine ce dernier argument qui a fait mouche. Puis il se reprend, ne voulant pas s'avouer vaincu.

— C'est bien beau, tout ça. Mais au cinématographe, il n'y a pas d'aussi bons auteurs qu'au théâtre !

La réponse de Pagnol est toute trouvée. Il la prononce à mi-voix, calmement, comme pour lui-même. Et non sans une certaine prémonition.

— Moi, je crois que les auteurs dramatiques vont trouver leur intérêt à travailler pour le cinéma parlant...

— Alors le théâtre est mort ? s'inquiète subitement Raimu, décontenancé.

— Je ne crois pas que le théâtre puisse vraiment mourir. Mais à coup sûr, le parlant va lui prendre des spectateurs, des comédiens, des auteurs, et même des salles...

Raimu prend malgré tout le parti d'en rire. Pourtant les propos de Marcel Pagnol l'ont manifestement troublé. Qu'on en juge.

Une petite pointe d'inquiétude, peut-être même de jalousie — allez savoir — le pousse à créer une « tradition ». C'est-à-dire une réplique imprévue, un commentaire personnel, voire un petit sketch original que certains comédiens se permettent de glisser dans le texte d'origine. Si l'effet est bon sur le public, l'auteur de la pièce admet volontiers ce genre de rajout, qui est parfois même conservé dans les mises en scène suivantes, ou définitivement intégré. Dans *Marius*, Raimu trouve le moyen de créer une « tradition ».

Au moment de la fameuse partie de cartes, Marius, sa casquette fichée de travers sur la tête, s'apprête à sortir du café. Il se fait le plus discret possible pour ne pas attirer l'attention de son père.

Malgré ses efforts, il est remarqué par César. Ce dernier lève les yeux vers lui et, distraitement, l'interpelle :

— Où vas-tu ?

— Je vais faire un petit tour, répond Pierre Fresnay. Et puis j'irai peut-être au cinéma...

Sur quoi Raimu ajoute ce petit commentaire de son cru :

— Au cinéma ?

— Oui...

— Alors je te souhaite bien du plaisir. Cracracra... On ne comprend même pas ce qu'ils disent...

Raimu peut être satisfait de son coup, car les spectateurs semblent partager, par leurs rires, sa mauvaise opinion du parlant.

Cette tradition-là, Raimu ne va pas la garder bien longtemps. Et personne ne la reprendra après lui ! Le parlant est inéluctable. Et Raimu va finir par y sacrifier. Comme beaucoup d'autres. Tant mieux pour lui. Et surtout, heureusement pour nous...

IX

Achard à la rescousse de Pagnol

Marius tiendra l'affiche plus d'une année et demie, c'est-à-dire que les cinq cents représentations seront dépassées. Marcel Pagnol a depuis longtemps achevé la rédaction de *Fanny*, qui en constitue la suite.

D'un commun accord, Marcel Pagnol et Léon Volterra ont décidé d'attendre que le succès de *Marius* s'essouffle pour entamer les répétitions de *Fanny*. Bien évidemment, il est convenu que les mêmes acteurs joueront les mêmes rôles.

En fait, la carrière de *Marius* s'interrompt un peu plus tôt que prévu, c'est-à-dire à la fin du mois de janvier 1931, du moins provisoirement.

Une reprise lui succède, toujours au théâtre de Paris, celle d'*Un homme en habit*. Une comédie d'Yves Mirande et André Picard. Léon Volterra avait en effet pris des engagements antérieurs qu'il est tenu de respecter, sauf à s'exposer à certains problèmes juridiques. Et comme *Topaze* continue de triompher aux Variétés, Léon Volterra n'a pas d'autre choix que d'intercaler *Un homme en habit* entre *Marius* et *Fanny.*

Il est enfin prévu qu'en octobre on reprendra *Marius* pour une cinquantaine de représentations. Ainsi, les comédiens de la troupe auront jusqu'à la fin du mois de novembre pour répéter la nouvelle pièce de Pagnol.

Le 12 février c'est la première d'*Un homme en habit.* Vedette, Raimu, qui l'avait créée, le 25 mars 1920, au théâtre des Variétés, avec Gabrielle Dorziat.

Cette fois-ci, Emmy Lynn la remplace, entourée de Charpin, Henri Vilbert, Jany Holt, Maupi, Delmont et Berval.

Si Raimu se taille un franc succès, il ne paraît toujours pas très à l'aise, à dix ans de distance, dans son rôle de hobereau désargenté. La brève existence de la pièce ne l'affecte donc pas outre mesure. Elle lui laisse un peu de temps libre pour porter une attention circonspecte au monde du cinéma. Il lui faut bien le reconnaître : la révolution du parlant n'est plus seulement en marche. En quelques mois, elle a déjà tout bouleversé dans l'industrie cinématographique.

Dans le Val-de-Marne, à Saint-Maurice, la société américaine Paramount est en train d'achever la construction de gigantesques studios destinés à satisfaire les besoins nouveaux qui se font jour dans toute l'Europe. Et l'engouement du public est tel pour le parlant qu'il va falloir, en quelques mois, mettre des centaines de films sonorisés en chantier.

De son côté le producteur marseillais Roger Richebé vient d'obtenir un grand succès avec le film intitulé *La route est belle*. Lorsqu'il rencontre Raimu, par hasard, il lui propose de tourner pour sa production. Mais jouer quoi ? « *Chotard et compagnie*, la pièce de Roger Ferdinand », suggère Raimu. Richebé trouve effectivement l'idée excellente, mais il fera le film avec... Jean Renoir et Charpin. Pour se faire pardonner, il offre alors à l'interprète de César un contrat de six films à tourner en deux ans.

Le premier de la série, c'est *Le Blanc et le Noir*, dont nous avons déjà dit deux mots, adapté et dialogué par Guitry, auteur de la pièce. Un film réalisé par Robert Florey avec, comme interprètes autour de Raimu, Alerme, Suzanne Dantès, Pauline Carton et un certain Fernandel dans un modeste rôle de groom. Marc Allégret assure la direction artistique.

En fait de cinéma, il ne s'agit que de théâtre filmé. A la demande même de Sacha Guitry, et pour faciliter la tâche de Raimu, les séquences sont tournées dans l'ordre du texte initial, acte après acte.

Raimu n'en continue pas moins de monter sur les planches. A *Un homme en habit* succède *Ces messieurs de la Santé*, de Paul Armont, dès le 11 avril 1931, avec Charpin, Alerme, Thérèse Dorny et Lilan Greuze. Une histoire de banquier véreux et génial tout à fait au goût du jour puisqu'on ne parle que de l'affaire Hanau, de cette Mme Hanau, banquière sans scrupule, qui a ruiné un nombre considérable de gens trop confiants. Et Raimu, c'est le banquier Taffard. Enfermé à la Santé pour malversations, il s'évade, s'associe avec la respectable patronne d'une fabrique de corsets, l'enrichit à coups de combinaisons douteuses qu'elle ne désapprouve pas, tant lui est venu le goût effréné des fourrures, des bijoux, de l'argent. En costume noir, pochette blanche arrogante, moustache et collier de barbe, Raimu est plus escroc que nature. Il enchante le public, autant que le critique de *Candide* :

> *Monsieur Raimu supporte tout le poids de l'ouvrage. Sympathique dans sa canaillerie même, il anime l'action de sa verve continuelle. Sa bonhomie naturelle, son accent, sa rondeur font merveille. Il a su, avec le même bonheur, passer en quelques instants fugitifs, de la truculence comique à la demi-teinte de l'émotion.*

Jules a du mérite à jouer cette pièce avec bonne humeur : sans rien devoir à Mme Hanau, il vient d'assister à l'envol de toutes ses économies dans le krach d'un célèbre établissement financier. Il avait eu le tort de mettre tous ses œufs dans le même panier.

Il sera plus avisé quand, par la grâce de Pagnol et de *Marius* porté à l'écran, la richesse va revenir.

Dès novembre 1930, Marcel Pagnol a cédé les droits cinématographiques de *Topaze* et de *Marius* à la firme Paramount. Le tournage de *Marius* est prévu pour la fin du printemps 1931. Trois versions seront filmées simultanément : une française, bien sûr, mais aussi une allemande et une suédoise. La version allemande s'intitulera *Zum Goldenen Anker*[1], et la version suédoise *Langtan Til Havet*[2].

1. *L'Ancre d'or.*
2. *L'Appel de la Mer.*

Achard à la rescousse de Pagnol

M. Bob Kane est le *general manager* de la Paramount européenne. En bon Américain, il ne parle pas un mot de français. Fort heureusement pour lui, Marcel Pagnol n'a pas oublié son anglais.

Mais c'est peu dire que le courant ne passe pas entre les deux hommes. Ils n'ont pas du tout la même conception des choses. Pour Bob Kane, il s'agit avant tout de faire de l'argent. Pour Marcel Pagnol, désormais à l'abri du besoin, il est impératif de ne pas décevoir le public français, c'est-à-dire de rester au plus près de la version théâtrale de son œuvre.

Ces deux conceptions trouvent tout de suite un terrain d'affrontement, dès que l'on veut résoudre le problème de la distribution.

Pour Marcel Pagnol, la solution est toute simple : il suffit de réembaucher toute la troupe qui a tant brillé au théâtre de Paris. Bob Kane, quant à lui, entend régler la question à l'américaine; à ses yeux, ni Charpin, ni Orane Demazis, ni Pierre Fresnay ne constituent de vraies stars; les uns et les autres sont tout au plus des vedettes de théâtre. Il faut donc, à leur place, engager des acteurs sous contrat avec la Paramount.

Bob Kane avance même des noms : Henri Garat dans le rôle de Marius, Victor Francen dans celui de César, Meg Lemonnier pour Fanny, Jean Murat, Saint-Granier, Marcelle Chantal, Marguerite Moreno dans les autres emplois.

Marcel Pagnol refuse de céder. Bob Kane campe sur ses positions. Le seul point d'accord porte sur le choix du réalisateur; il s'agit d'un Hongrois émigré à Hollywood, Sandor Laszlo Korda dit Alexandre Korda, qui partage d'ailleurs l'avis de Pagnol à propos de la distribution.

Lorsque Raimu l'apprend, il explose littéralement.

— Et voilà ! Maintenant, nous allons tourner un film marseillais avec un Tartare venu d'Olivoï !

Tourner, tourner... C'est encore loin d'être acquis.

La sortie et le succès d'un autre film vont permettre à Pagnol de convaincre Bob Kane. Ce film, c'est *Jean de la Lune*, d'après l'œuvre de Marcel Achard. Cette comédie a été portée à l'écran par le producteur Georges Marret, et réalisée par Jean Choux.

Eux aussi ont fait le pari d'employer des comédiens inconnus au cinéma. Ce sont entre autres Michel Simon et Madeleine Renaud. Et pourtant, la recette atteint des niveaux records. *Jean de la Lune* reste au programme de très nombreuses salles durant vingt-quatre semaines.

Bob Kane accepte donc de se rendre aux raisons de Pagnol. Tout paraît prêt pour donner le premier tour de manivelle lorsqu'une nouvelle difficulté paraît. Une difficulté de taille qui menace de tout compromettre. On découvre, à la dernière minute, que Raimu a signé avec Roger Richebé un contrat d'exclusivité.

Les choses s'annoncent d'autant plus mal que Richebé, contrôlant tout un réseau de salles dans la région de Marseille, est un concurrent direct de la Paramount.

Marcel Pagnol entreprend de négocier avec lui.

— Entre Marseillais, annonce-t-il, nous finirons bien par nous entendre !

Si les discussions sont très serrées, c'est de fait ce qui se produit. Richebé accepte de « prêter » Raimu à la Paramount, en échange de quoi il s'assure l'exclusivité de la diffusion du film dans la région marseillaise.

Le tournage peut enfin commencer. Ou plutôt, les trois tournages. Car ils se déroulent, simultanément, dans les studios de Saint-Maurice.

A peine l'une des trois troupes en a-t-elle fini avec un décor qu'une autre lui succède. La mécanique est parfaitement huilée. Seulement cinq semaines de prises de vues ont été programmées.

Pourtant, l'affaire ne va pas sans quelques problèmes techniques. Ainsi, l'ingénieur du son se plaint-il un jour des sonorités trop basses de Raimu :

— Et puis, sa voix et son timbre sont d'autre part si violents qu'il me bousille quelquefois tous mes micros !

En conclusion de quoi, le technicien suggère purement et simplement de remplacer Raimu par un autre acteur. Mal lui en prend. Alexandre Korda lui réplique vertement :

— On ne remplace pas Raimu, monsieur ! En revanche, il est toujours possible de remplacer un technicien qui ne sait pas faire son travail...

Finalement, les cinq semaines auront suffi pour tourner *Marius* et ses deux adaptations. Le résultat, nous le connaissons tous : *Marius* est entré dans l'histoire du cinéma par la grande porte, celle d'une gigantesque faveur populaire.

Certes, quelques critiques reprochent (bizarrement plus à Pagnol qu'à Alexandre Korda) d'avoir filmé du théâtre plutôt que d'avoir fait du vrai cinéma. L'un d'eux écrit même :

> *Que Monsieur Pagnol continue à se remplir les poches avec ses galéjades et qu'il laisse le cinéma à ses créateurs et à ses artistes!*

Le Figaro du 11 octobre 1931 (dans un article non signé) fera beaucoup moins la fine bouche :

> *Marcel Pagnol a transporté, non transposé : c'est encore la pièce de théâtre, avec son texte et ses interprètes, et c'est parfait. [...]*
>
> *Pour moi, qui fus égayé et ému tour à tour, passionné toujours, je considérerais faire acte d'ingratitude en chicanant Pagnol sur la formule choisie : nous préférerons toujours, même à l'écran, une bonne pièce à un mauvais film.*
>
> *L'interprétation est au-dessus de tout éloge.*
>
> *Ce n'est pas assez dire de Raimu qu'il est ici admirable comédien : il est, totalement et simplement, toute une âme d'homme populaire, avec sa bonté, son solide bon sens, ses touchants ridicules et sa rude droiture. Il faut à cela plus que du talent : il faut le génie du cœur.*
>
> *Pierre Fresnay avait à simuler — et l'enregistrement mécanique est impitoyable, qu'il soit d'image ou de son! — un accent qu'il n'a jamais eu et un âge qu'il n'a plus.*
>
> *Il fut d'un bout à l'autre de Marseille, il eut vingt-trois ans d'un bout à l'autre bout. Il reste ici l'égal du Fresnay de théâtre, et c'est un éloge à nul autre second. [...]*

Aujourd'hui encore, le débat n'est peut-être pas tout à fait clos aux yeux du cinéphile. Au risque d'être anachronique, nous ne résistons pas à l'envie de verser une pièce plus récente au dossier : il s'agit d'un article paru dans *Les Cahiers du Cinéma* en décembre 1965 :

> *L'admirable est que, tenant le cinéma pour rien qu'un moyen, dans un temps où tous n'avaient d'yeux que pour l'image et cherchaient la spécificité du cinéma dans sa seule plastique, Pagnol l'a servi tout autant par ses films, qui commencent précisément là où finit le théâtre. L'admirable est que, passant outre aux règles, conventions et techniques, il a inventé un nouveau langage (et là est le défi) où la nouvelle vague devait — comme les Américains, comme Renoir et comme Cocteau — trouver sa raison d'être.*

Une autre analyse de Marius, tout à fait de l'époque celle-là, mérite aussi attention. Elle fut publiée le 31 octobre 1931, dans le n° 716 de *L'Europe nouvelle*. Son auteur : Philippe Soupault. Oui, le génial poète qui composa avec André Breton *Les Champs magnétiques* (en 1919), l'un des pères du surréalisme et de son *Manifeste* (1924). Mais on ignore trop que Philippe Soupault fut également journaliste. Et, au début des années 30, à l'époque où le film s'industrialise à outrance, le poète mène une lutte acharnée. Son objectif : sauvegarder la spécificité du cinéma. Alain et Odette Virmaux, dans leur livre consacré aux *Écrits de cinéma* de Philippe Soupault[1], rappellent fort justement « qu'il dénonce sans relâche le théâtre filmé, la tyrannie du studio, les facilités des séries

1. Ramsay Poche Cinéma, 1988.

et du star-system ». *Marius* n'échappe pas à la plume acerbe de Philippe Soupault :

Les acteurs qui jouaient cette pièce et qui, avec leur accent marseillais, faisaient passer les mots plus ou moins drôles furent les vrais responsables du grand succès. [...]

On était en droit d'attendre qu'une ville comme Marseille puisse, par son pittoresque, son "tempo", donner à un film une saveur très particulière. Les paysages, les rues, l'animation, la lumière, les habitants, tout pouvait concourir à créer cette atmosphère que l'on réclame de chaque film. [...]

Le résultat que l'on présente actuellement à Paris est loin de correspondre à cette attente. Quelle pauvreté d'imagination, quelle servilité dans l'imitation de la pièce, quelle négligence dans ce qui est la puissance et la raison d'être du cinéma! [...]

Quant à M. Pagnol, comment pouvons-nous le juger? Voilà un homme qui, après avoir connu des années difficiles, obtient le plus grand succès qu'un écrivain ou qu'un auteur dramatique puisse connaître, qui peut imposer sa volonté, qui est capable, grâce au foudroyant succès que ses œuvres ont connu, de réaliser sur l'heure les rêves les plus ambitieux; voici un homme qui a toutes les possibilités et qui ne fait qu'exploiter jusqu'à la lie son succès.

Il aurait pu, s'il l'avait voulu, apporter au cinéma quelques idées nouvelles. [...]

On se demande pourquoi il faudrait se donner

du mal puisque l'auteur, les acteurs, les actionnaires, les directeurs et les spectateurs sont contents. [...]

Effectivement le public est heureux ! Le succès de *Marius* à l'écran est énorme. En moins d'une semaine d'exploitation, tous les records de recettes établis par *Jean de la Lune* sont battus (rien que pour les mois de novembre et décembre, elles dépassent les cinquante millions de francs).

Au point que la Paramount en profite pour imposer des conditions draconiennes aux propriétaires de salles indépendantes : ils doivent s'engager à projeter dix-neuf productions de la firme pour avoir le droit de diffuser *Marius* !

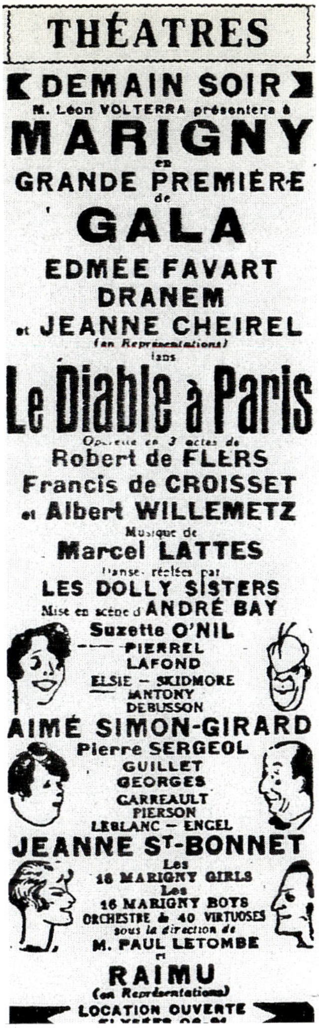

Publicité parue dans *Le Figaro*, le 29 octobre 1927.

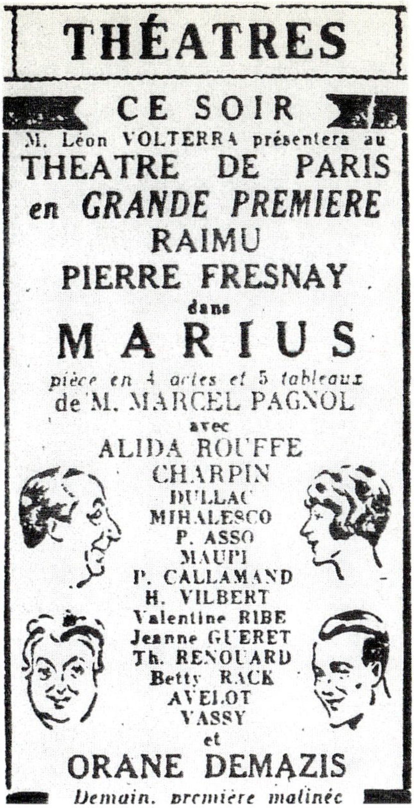

Publicité parue dans *Le Figaro* du 9 mars 1929 pour la première pièce de Marcel Pagnol, *Marius*.

Tu me fends le cœur ! ». La fameuse partie de cartes, dans *Marius*. Avec ici Raimu, Charpin, Robert Vattier (de os) et Paul Dullac.

Raimu et Guy Derlan dans *Ces messieurs de la Santé* (réalisé par Pierre Colombier, 1934).

Raimu et André Fouché (rôle de Césariot) dans *César*.

nette Leclerc et Raimu dans *La femme du boulanger*, alisé par Marcel Pagnol, 1938, d'après *Jean le bleu* de an Giono.

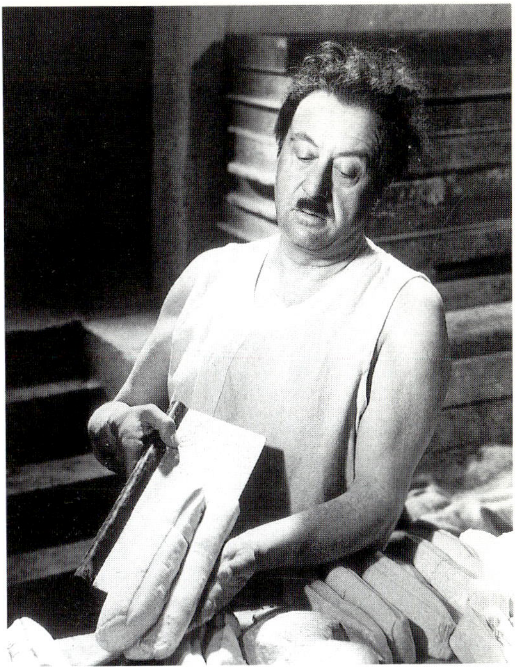

Dans *La femme du boulanger*.

Dans *L'étrange monsieur Victor* de Jean Grémillon, 1938, avec Madeleine Renaud et Georges Flamant.

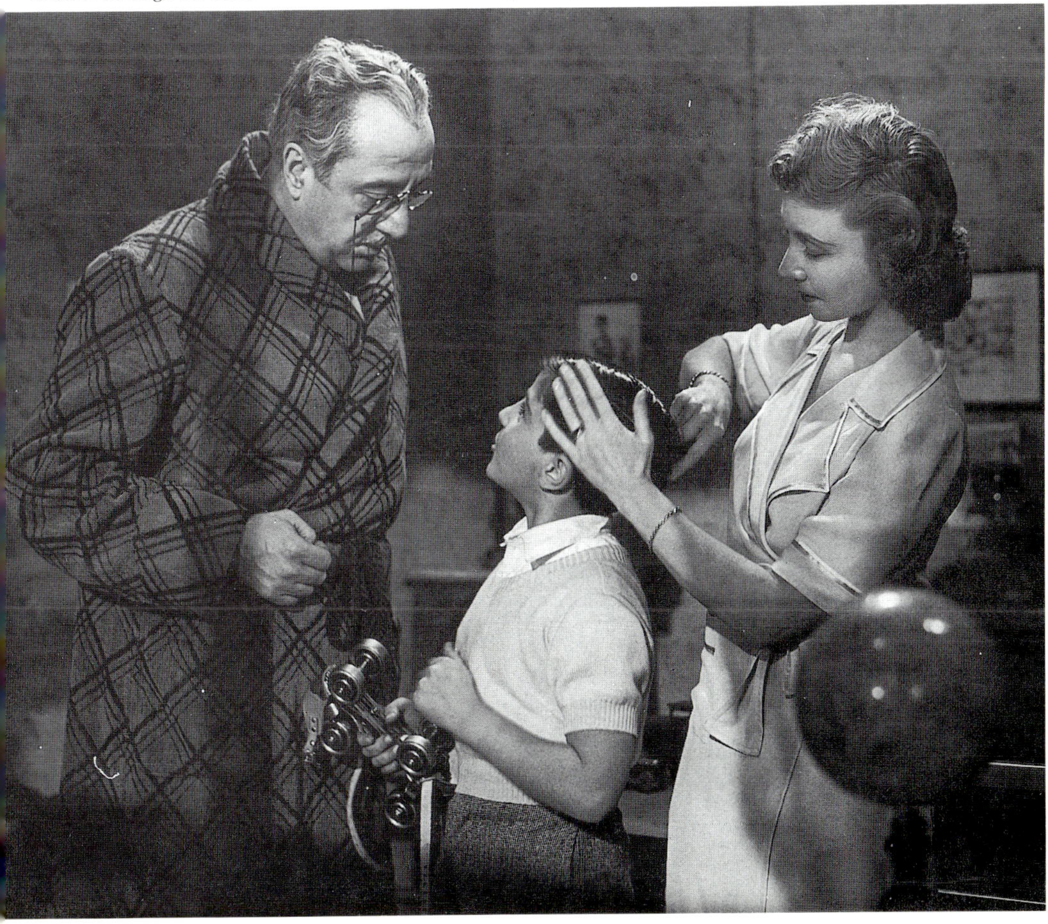

« L'enterrement de Panisse ». Affiche réalisée par Dubout au moment de la sortie du film *César*.

« A CE PÔVRE PANISSE »

Raimu et Fernandel dans *La Fille du puisatier*, réalisation, scénario et dialogues de Marcel Pagnol, 1940, musique de Vincent Scotto.

Dans *Les inconnus dans la maison* d'Henri Decoin, d'après le roman de Georges Simenon, adapté par H.-G. Clouzot.

ans *Le malade imaginaire* avec, de gauche à roite : Mony Dalmès, Julien Bertheau, Mireille errey, Jacques Charron, Raimu et Aimé Clariond, la Comédie-Française.

Dans *Untel, père et fils* (1945) de Julien Duvivier, scénario et dialogues de Marcel Achard.

Raimu et Aimé Clariond dans *L'homme au chapeau rond* (réalisé par Pierre Billon, 1946), d'après *L'éternel mari* de Dostoïevski.

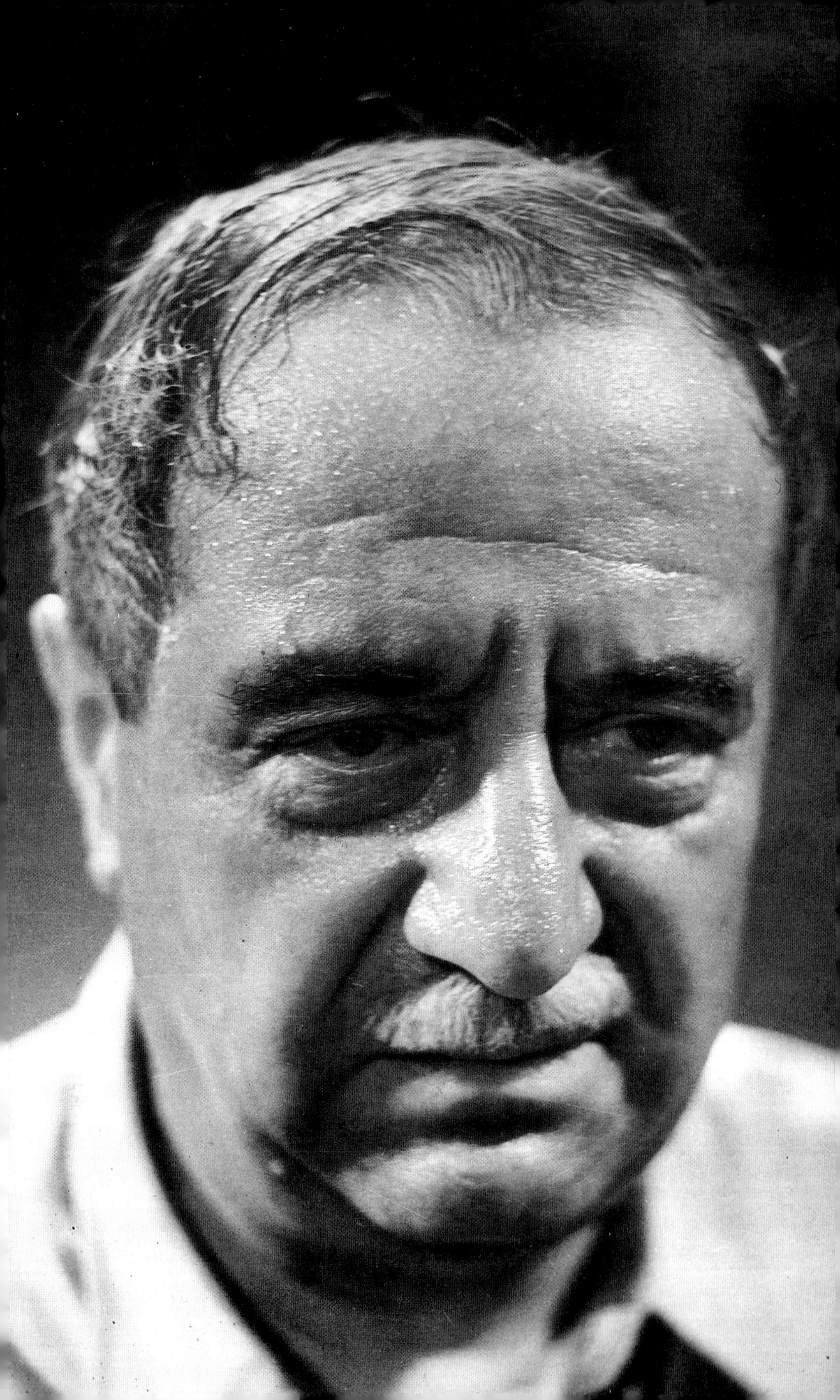

X

Il perd Fanny pour une belle

Le phénoménal succès de *Marius* à l'écran a définitivement promu Raimu au rang de vedette et de star. Malgré la disparition de ses économies, il peut envisager l'avenir avec la plus grande sérénité. Aussi bien sur le plan professionnel que financier.

Désormais, il pourra vraiment choisir ses rôles, des rôles à sa mesure. Il ne doute pas qu'on lui en proposera de toutes sortes, et c'est tant mieux.

Son optimisme est tel qu'il décide de déménager : toute la petite tribu (sa belle-mère Ernestine, sa femme Esther et sa fille Paulette) quitte l'appartement du 59, rue de la Boétie pour le 8, rue Balzac. Voilà qui le rapproche singulièrement de ce qu'il appelle son « bureau », c'est-à-dire du *Fouquet's*, le célèbre établissement des Champs-Élysées. Une avenue que Raimu ne peut plus arpenter sans être reconnu, salué, abordé par tout un chacun. Pagnol avait raison, le cinéma a du bon. Trente ans d'apparitions sur les planches ne lui avaient pas valu ce que cinq semaines de tournage lui ont donné : une gloire aussi gigantesque que soudaine.

A peine le dernier tour de manivelle de *Marius* a-t-il été donné, que Raimu a commencé à tourner *La Petite Chocolatière,* sous la direction de Marc Allégret, avec entre autres Jacqueline Francell, Pierre Bertin et André Dubosc.

Encore l'un de ces vaudevilles dont Raimu avait fait la création au théâtre des Variétés, le 16 septembre 1922 en l'occurrence. Une pièce de Paul Gavault au demeurant d'une pauvreté assez affligeante. Il faut tout le métier de Raimu conjugué au talent de Marc Allégret pour faire passer pareille potion...

Finalement, le seul grand souvenir que Marc Allégret, son équipe et Raimu retireront de cette aventure... sera celui d'une colère. Un de ces coups de gueule invraisemblables et délirants qui emportent parfois Raimu au-delà de toute limite vocale et verbale (car il ne se montre jamais violent par les gestes).

Dès que s'est produit le deuxième ou troisième éclat du genre, Marc Allégret a recommandé aux techniciens du son de se préparer à enregistrer la suivante. Ce qui a été fait. Ni les perchmen, ni les ingénieurs ne se sont laissés surprendre par la soudaineté de cette nouvelle fureur. Tout a été fixé sur la bande sonore.

Lorsque Raimu s'est apaisé, Marc Allégret, d'un clin d'œil, a fait signe à ses complices de diffuser ce morceau d'anthologie au moyen d'un haut-parleur.

Dès que les premiers accents de cette colère mémorable ont retenti sur le plateau, tout le monde a éclaté de rire. De stupeur, Raimu s'est figé un court instant, ne sachant trop quoi faire; puis il a su admettre le comique de la situation. Un énorme rire, qui n'avait rien d'affecté, l'a secoué des pieds à la tête.

Par la suite, Raimu y regardera à deux fois avant de se laisser aller à son courroux...

L'année 1931 aura vu Raimu tourner quatre films. Après *Le Blanc et le Noir, Marius, La Petite Chocolatière*, c'est *Mam'zelle Nitouche*. Une pièce de Meilhac et Millaud, et une nouvelle réalisation de Marc Allégret. D'un comique inénarrable, Raimu joue le double rôle de Célestin, maître de musique, le jour, dans un austère pensionnat de jeunes filles, de Floridor, la nuit, auteur d'une opérette légère qu'il fait répéter au théâtre municipal. Raimu chante, et enchante le public avec ce vaudeville bavard proche du navet. Ses partenaires sont André Alerme, Alida Rouffe et la jolie Janie Marèse qui se tue dans un accident de voiture entre le tournage du film et sa projection publique.

Raimu accueille les critiques d'un haussement d'épaules. Il lui importe beaucoup plus de rencontrer la faveur du grand public que celle des journalistes. Et puis la peur de manquer, héritée de ses difficiles débuts et encore aggravée par la disparition de ses économies, le pousse à ne point trop faire la fine bouche.

Cette peur de manquer va de pair avec un grand souci d'économie. Ce qui vaut à Raimu de se fâcher — ce n'est ni la première ni la dernière fois — avec Marcel Pagnol.

En effet, chez son ami, Jules remarque un jour un magnifique électrophone. L'un de ces tout derniers modèles qui engrangent plusieurs disques et les passent tour à tour, sans qu'il soit besoin d'intervenir.

Ce merveilleux appareil fait se pâmer d'envie Raimu. Pagnol ne manque pas de s'en apercevoir et lui lance :

— A force de le manger des yeux, tu vas finir par me l'user...

— Tu es bon, toi ! s'exclame Raimu. Si je n'avais pas été ruiné par un financier indélicat, je m'en offrirais un ! Mais ce n'est plus à la portée de ma bourse... ajoute-t-il en poussant un gros soupir.

Cette façon de se poser en martyr, c'est presque un appel du pied. Et Pagnol veut bien s'en laisser conter, puisqu'il répond avec gentillesse et sans y attacher trop d'importance :

— Bah, si tu en es là, mon pauvre Jules, j'irai t'en acheter un pour t'en faire cadeau.

La proposition n'est pas tombée dans l'oreille d'un sourd. Loin de là, car Raimu se permet même d'insister sans avoir l'air d'y toucher.

— Ça, Marcel, tu me ferais bien plaisir. Ce serait vraiment d'un ami...

Pagnol s'empresse d'oublier sa promesse. Et les choses en restent là. Jusqu'à la rencontre suivante, où Raimu remet l'affaire sur le tapis.

— Tiens... dit-il d'un air détaché. Je n'ai toujours pas reçu ton « graphophone » [*sic*]...

Et Marcel Pagnol de répondre distraitement :

— C'est pourtant vrai, mon bon Jules. J'avais complètement oublié.

Mais, rien à faire. Le « graphophone » ne vient toujours pas. Au point que Raimu finit par en prendre ombrage, et par accabler de reproches l'auteur dramatique.

— M. Pagnol est un menteur et un voleur, déclare-t-il à qui veut l'entendre. Si ! La preuve : il me doit un graphophone depuis plus d'un mois, et je n'en ai toujours pas vu la queue d'un ! Et beau parleur, avec ça ! Mais je vous le dis comme je le pense, c'est un voleur et un menteur !

Ces récriminations et médisances finissent par venir à l'oreille de Pagnol. Lequel en conçoit, comme il se doit, une certaine colère contre Raimu.

— Puisqu'il en est ainsi, il n'est pas près de l'avoir, son phonographe !

Les brouilles des deux hommes ne durent jamais bien longtemps. Mais cette peur de manquer et ce souci d'économie dont Raimu fait preuve lui joueront un tour beaucoup plus grave, puisqu'ils lui vaudront une solide réputation d'avarice.

Ainsi, au *Fouquet's,* où le comédien vient chaque jour; la plupart du temps, il s'attable avec des amis, ou quelque vague connaissance de passage. Raimu boit un verre, puis un second, parfois un troisième. Mais quand vient le moment de régler les consommations, Jules se lève brusquement et lance à la cantonade :

— Déjà cinq heures ? Oh là là !... Il faut que je me sauve, je vais être en retard à mon rendez-vous !

Et il néglige de payer, bien évidemment.

Bien souvent, pendant les vacances, Raimu invite dans sa maison de Bandol son vieil ami Doumel. Un raconteur d'histoires marseillaises, ruiné après la faillite de son restaurant. Raimu le loge dans une grande chambre donnant sur la mer, le nourrit et lui donne même cinq francs par jour d'argent de poche. Et, un soir, le rosé de Provence aidant, Doumel entreprend de casser des assiettes sur sa tête. Les invités s'esclaffent. Pas Raimu. A la cinquième assiette, il se fâche tout rouge :

— Encore une, et je te la retiens sur ton argent de poche !

Doumel passe outre. Il a tort. Le lendemain, Raimu lui remet deux francs :

— Je t'avais prévenu ! Je te retiens trois francs pour l'assiette !

Cette avarice, parfois, se retourne contre lui. Par exemple, il pense réaliser une bonne affaire en obtenant de certains producteurs de cinéma la disposition gratuite d'une voiture et d'un chauffeur pendant la durée du tournage ; ainsi que la fourniture, chaque matin, de quatre cigares dont la taille et la marque ont été soigneusement précisées dans le contrat. En échange, il consent à baisser son cachet de cinquante mille francs... et se fait ainsi voler. Les prestations fournies ne correspondent guère à plus de dix mille francs !

Les cigares, c'est la passion de Raimu. Il en consomme énormément, ceux des autres de préférence. A cet égard, Pagnol a raconté dans ses souvenirs une histoire savoureuse. Afin de parler d'un projet de film, la grande Elvire Popesco invite Marcel Pagnol et Raimu à dîner dans un restaurant parisien, près de la Madeleine. Comme d'habitude, Raimu a glissé dans la poche extérieure de son veston deux superbes cigares dont l'extrémité est visible. Au café, Elvire, plus seigneuriale que jamais, fait apporter une boîte de havanes qui reste ouverte sur la table. Les yeux de Jules brillent. Par un mouvement savamment amené, il met la main sur son cœur pour cacher les siens et prend un havane. Après bien des efforts, il parvient à trancher le bout du havane et à l'allumer sans déplacer la main gauche toujours suspendue à la hauteur du cœur. Puis, soufflant de petits nuages de fumée pour voiler la main gauche, il essaie du bout de son index de séparer les cigares indiscrets en espérant les faire disparaître. Il parle en même temps d'abondance, à la manière de ces prestidigitateurs qui détournent l'attention avant de faire jaillir de leur chapeau quelques lapins vivants. Mais sa main fait de si étranges contorsions, sous le regard fasciné de Pagnol et d'Elvire, que celle-ci, n'y tenant plus, part d'un fou rire inextinguible. Raimu s'étonne :

— Mais qu'est-ce que j'ai dit de si drôle ? Qu'est-ce que vous avez à vous estrasser comme ça ?

Alors Elvire, dans un délicieux roulement de *r* :

— Ah ! mon cher ami, quel mal vous vous donnez depuis un moment pour cacher vos cigares !

Et Raimu, feignant la surprise, sans la moindre confusion :

— Mais c'est vrai ! Eh bien, ils doivent être là depuis longtemps ! Depuis mon déjeuner chez Volterra, le mois dernier... Je n'avais pas remis ce costume, et je ne me suis pas aperçu...

— Grand menteur ! Pas aperçu ! C'est pour ça que tu gardes la main sur ton cœur comme si tu souffrais d'une angine de poitrine ? Tiens ! je te fais cadeau de la boîte !

Raimu proteste :

— C'est pour me taquiner, Elvire, que vous me dites ça, peuchère !

— Allons, parlons d'autre chose...

Tous trois s'entretiennent du film en projet. Vers minuit, ils quittent le restaurant. En se levant, Raimu met la boîte de cigares sous son bras.

Le tournage de *Mam'zelle Nitouche* terminé, Raimu revient au théâtre de Paris avec *Marius*, tandis que *Fanny* est mise en chantier.

Les répétitions commencent, et la générale est prévue pour la fin décembre 1931. Dès le début, il est convenu entre Léon Volterra et Marcel Pagnol que les mêmes acteurs tiendront les mêmes rôles que dans *Marius*.

Mais les défections vont se succéder.

C'est tout d'abord Pierre Fresnay qui décline son nouvel emploi. Et pour cause, il n'aurait fait qu'une apparition dans une seule scène du dernier acte. Berval le remplace au pied levé.

Après Pierre Fresnay, c'est au tour d'Alida Rouffe de déclarer forfait. Elle est malade, tout simplement. Mme Chabert lui est substituée dans le rôle d'Honorine. D'autre part, Milly Mathis est engagée pour incarner la tante Claudine.

La reprise de *Marius* ne remporte pas le succès escompté. Il faut dire que la prodigieuse carrière du film a détourné une grande partie du public de la scène du théâtre de Paris. Dès lors, le temps presse pour la création de *Fanny*. La date prévue pour la générale est avancée au 5 décembre. Toute la troupe doit mettre les bouchées doubles.

Chacun se plie comme il peut à cette nouvelle exigence. L'heure de la répétition est fixée en début d'après-midi. Ce qui n'arrange pas Raimu, qui aime bien prolonger le déjeuner par une longue station digestive au *Fouquet's*, si ce n'est par une petite sieste dans son douillet logis.

En conséquence, Raimu n'est guère assidu, c'est le moins qu'on puisse dire, aux répétitions de *Fanny*. Toujours au dernier moment, et sous les prétextes les plus divers et les plus fallacieux, il fait prévenir qu'il ne peut se rendre rue Blanche. Un beau jour, le tableau de service annonce que « M. Raimu, ayant perdu son oncle, ne pourra répéter aujourd'hui. Il sera remplacé par M. Dullac ». Voyant cela, Léon Volterra monte sur ses grands chevaux.

— Qu'est-ce que c'est que cette histoire ? lance-t-il au régisseur en désignant la pancarte.

— Pour M. Raimu ?

— Bon dieu, oui !...

— Eh bien... M. Raimu a faire dire que son oncle vient de mourir et qu'il doit donc s'absenter. Mais il sera de retour dès demain...

— Dès demain ? Voyez-vous ça ! Son oncle est tellement mort et enterré que je viens de voir Raimu sur les Champs, chez *Laurent*, manger des fruits de mer ! Et en charmante compagnie, avec ça ! C'est se foutre du monde !

Léon Volterra saute dans sa voiture et fonce aux Champs-Élysées. Arrivé chez *Laurent*, il se plante devant la table de Raimu, qui en est à sabler le champagne.

Ni la marche ni l'air vif n'ont calmé la fureur de Volterra. Il explose littéralement. Raimu, vexé d'être ainsi traité devant une dame, lui réplique vertement.

Le ton monte. Si vite que les deux hommes, debout, menaçent d'en venir aux mains. Le maître d'hôtel et les serveurs s'interposent. Ils font bien, car Raimu, ivre de colère, a perdu tout contrôle de lui-même.

— Vous feriez bien de vous occuper de vos affaires plutôt que celles des autres, monsieur Volterra! hurle-t-il. Ce n'est pas parce qu'on est cocu qu'on doit em... le monde!

— Vous m'en rendrez raison, monsieur Raimu! Ça ne se passera pas comme ça! vocifère Volterra en tournant les talons.

Le directeur du théâtre de Paris reparti, Jules se rassied et reprend la conversation interrompue avec la belle.

A peine revenu dans son théâtre, Léon Volterra tient un véritable conseil de guerre avec sa femme, Simonne, puis avec Marcel Pagnol, le soir même. Sa décision est prise : il renvoie Raimu de sa troupe et le remplace par Harry Baur dans le rôle de César.

Quand bien même Pagnol l'aurait voulu, il n'aurait rien pu pour Raimu. Et puis après tout, se dit-il, que cela lui serve de leçon...

Le soir même, le tableau de service affiche : « M. Raimu, ayant été absent plusieurs fois, est résilié à compter de ce jour. »

Le lendemain après-midi, comme si de rien n'était, Raimu se présente au théâtre de Paris. Ironie du sort : pour une fois il est à l'heure. Pour le reste, il a déjà tout oublié. La dispute de la veille, ce n'étaient que « paroles verbales ».

Le voici qui fait son entrée sur le plateau. Ses compagnons baissent la tête et n'osent affronter son regard. Tous ont lu le tableau de service. Tous sauf Raimu lequel, pourtant, remarque le malaise qui règne.

— Eh bien quoi ? Vous en faites, des têtes ! Qu'y a-t-il ?

Finalement, c'est Maupi qui se dévoue.

— Tu n'as pas lu le tableau ?

— Le tableau ? Quel tableau ?

— Le tableau de service, Jules...

Ça y est, Raimu a déjà compris.

— Et que dit-il, le tableau ? demande-t-il d'une voix qu'il veut détachée.

— M. Volterra a résilié ton contrat, je croyais que tu savais...

— A qui dois-je rendre mon manuscrit ? lance Raimu sans rien laisser paraître de ce qu'il éprouve.

— Je ne sais pas... répond Maupi. Au régisseur... Donne-le-moi, je m'en chargerai...

— Merci, Maupi. Je fais mes commissions moi-même.

Et c'est bien Harry Baur qui crée *Fanny* dans le rôle de César. Il s'y montre excellent. Au point que la critique est unanime pour reconnaître son « tour de force ».

Mais une fois encore, la critique et le public ne réagissent pas à l'unisson. Harry Baur a beau se révéler chaque jour un peu plus génial, il ne parvient pas à faire oublier Raimu, pour lequel le rôle avait été écrit.

— A l'entracte et à la sortie, les spectacteurs ont tous le nom de Raimu sur les lèvres, ne craint pas d'affirmer une ouvreuse.

Pagnol et Volterra doivent bien se rendre à l'évidence. Mais, le premier rêve déjà de porter *Fanny* à l'écran, tandis que le second restera fâché avec Raimu pendant plus de dix ans !

La firme Paramount avait pris une option sur les droits cinématographiques de *Fanny*. Contre toute attente, cette option n'est pas levée. Et c'est tant mieux pour Pagnol, qui a été échaudé par l'adaptation faite de *Topaze*. Louis Gasnier a signé la mise en scène. Malgré la présence de Louis Jouvet, Pauley, Pierre Larquey, Marcel Vallée, Edwige Feuillère et Jacqueline Delubac (ces deux dernières font leurs débuts à l'écran), le film n'est rien moins que bâclé.

Marcel Pagnol décide donc d'être le producteur de son film. Pour ce faire, il s'associe avec Roger Richebé, en mai 1932, en fondant la société des Films Marcel Pagnol. C'est Marc Allégret qui est chargé de la réalisation.

Aussitôt, Marcel Pagnol annonce à Volterra son intention de tourner *Fanny* avant l'été. Volterra prend la chose assez mal. Mais il n'y peut rien.

Pendant ce temps, Roger Richebé s'est chargé de réconcilier Pagnol et Raimu, en froid depuis la création de *Fanny* au théâtre.

Jules ne se fait pas trop prier. La revanche est trop belle pour qu'il la laisse passer.

C'est le lundi 6 juin qu'est donné le premier tour de manivelle de *Fanny*, aux studios de Billancourt. Le tournage est prévu pour durer six semaines, dont une semaine en extérieurs, à Marseille même.

Une merveilleuse ambiance règne entre les comédiens, et toute l'équipe. Seule ombre au tableau : les rapports de Marcel Pagnol et Marc Allégret ne sont pas des meilleurs. L'un juge l'autre trop parisien à son goût. Et le réalisateur trouve que l'auteur se mêle un peu trop de ce qui ne le regarde pas, c'est-à-dire de la réalisation.

Peu importe. Aucun incident notable ne vient perturber le bon déroulement des opérations, et toutes les boîtes de pellicules sont bientôt pleines.

Le triomphe est, une fois de plus, au rendez-vous de la complicité Pagnol-Raimu. Les salles de cinéma ne désemplissent pas pendant plusieurs semaines. « César » y est pour beaucoup, qui a su se montrer plus drôle, plus émouvant et plus pathétique que jamais. Particulièrement lorsqu'il défend maître Panisse contre son propre fils, Marius, venu revendiquer son droit à la paternité :

— Cet enfant, quand il est né, il pesait quatre kilos. Ceux-là, c'est sa mère qui les a faits. Maintenant, il en arrive à sept. Ces trois kilos de plus, c'est trois kilos d'amour. Moi, j'en ai donné ma petite part... Sa mère en a donné beaucoup, naturellement. Mais celui qui en a donné le plus, c'est Honoré !

Le succès de *Fanny* sera prodigieux. Quelques années plus tard, une version américaine verra le jour. Bizarrement, on l'intitulera *Port of the Seven Seas* (littéralement : « Le Port des sept mers » !).

Deux autres versions sont tournées, en Italie et en Allemagne. Au contraire de l'originale, ces versions ne laisseront guère de traces dans l'histoire du cinéma.

Dans la foulée de *Fanny*, Raimu entreprend le tournage des *Gaietés de l'escadron,* d'après la célèbre comédie de Georges Courteline. Maurice Tourneur en est le réalisateur, et l'on compte parmi les principaux interprètes — outre Jules Muraire dit Raimu — un certain Jean Moncorgé, dit Jean Gabin, et un certain Fernand Contandin, dit Fernandel.

Arrive l'année 1933. Raimu s'éloigne de plus en plus de la scène. Il est devenu une grande vedette de l'écran, et aucun directeur de théâtre ne peut lui payer des cachets qui le décideraient à revenir sur les planches.

Cette année-là, Raimu tourne deux films coup sur coup.

Tout d'abord, *Théodore et Cie,* réalisé par Pierre Colombier, avec Albert Préjean et Alcover. Ni Raimu ni Colombier ne peuvent sauver le film, aussi mauvais que la pièce dont il est tiré, un navet de Paul Armont et Nicholas Nancey. Navet, certes, mais le public en redemande. Parce que Raimu joue dedans.

Puis c'est *Charlemagne,* toujours sous la direction de Pierre Colombier. Cette fois-ci d'après Yves Mirande et avec Marie Glory, Lucien Baroux et Léon Bélières.

> *Le* Charlemagne *d'Yves Mirande,* écrit Pierre Wolff dans Paris-Soir, *a remporté le succès le plus franc... Joué dans un mouvement parfait, animé par le formidable artiste qu'est Raimu,* Charlemagne *connaîtra, auprès de tous les publics, le triomphe que nous lui souhaitons... Raimu fut la joie de cette soirée, Léon Bélières est fin, comique. Il ne dépasse jamais la mesure, Lucien Baroux a bien du talent et Marie Glory est char-*

mante. Yves Mirande peut être fier de son succès. Félicitons aussi Pierre Colombier.

Pagnol et Raimu ne se perdent pas de vue pour autant. Marcel Pagnol, qui se sépare peu à peu de Roger Richebé, a fondé les Auteurs associés, dont il installe le siège social au 13 de la rue Fortuny. Quant à Raimu, lorsqu'il ne tourne pas, il ne s'éloigne guère de son cher *Fouquet's*. Mais l'un et l'autre se retrouvent souvent, sur les Champs-Élysées ou encore rue Fortuny, généralement en compagnie de Vincent Scotto, Marcel Achard, Roger Ferdinand, Stève Passeur et Paul Olivier[1], comédien et agent artistique de Jules.

L'auteur dramatique et son génial interprète font mille et un projets. Entre deux brouilles, ils envisagent de tourner *L'Arlésienne*, mais aussi *Le Malade imaginaire*. Noble ambition...

---

1. Auteur d'un ouvrage intitulé *Raimu ou la vie de César*, paru aux éditions Fournier-Valdès en 1947.

[illegible] Yves Mirande peut être fier de son succès. Félicitations aussi à Pierre Colombier.

Pagnol et Raimu ne se perdent pas de vue pour autant. Marcel Pagnol qui se sépare peu à peu de Roger Richebé, a fondé les Auteurs associés, dont il installe le siège social au 13 de la rue Fortuny. Quant à Raimu, lorsqu'il ne tourne pas, il ne s'éloigne guère de son cher Fouquet's. Mais l'un et l'autre se retrouvent souvent sur les Champs-Élysées ou encore rue Fortuny, généralement en compagnie de Vincent Scotto, Marcel Achard, Roger Ferdinand, Steve Passeur et [illegible], comédien et agent artistique de Jules[1].

[illegible] entre deux anecdotes, ils envisagent de tourner *L'Arlésienne*, mais aussi *Le Malade imaginaire*. Noble ambition.

1. Auteur d'un ouvrage intitulé *Raimu ou la vie du [illegible]*, paru aux éditions Fournier-Valdès en 1947.

XI
Une journée particulière

Depuis que *Marius* et *Fanny* ont été portés à l'écran, la carrière de Raimu semble marquer le pas. Les grands rôles auxquels le comédien pouvait prétendre ne lui sont pas proposés.

Il est avant tout considéré, par les producteurs, comme un acteur « commercial ». C'est-à-dire un acteur qui, sur son seul nom, parvient à remplir les salles, même si le film est mauvais. Mais aussi l'industrie cinématographique d'alors profite d'une position privilégiée. La télévision, déjà inventée, ne peut pas lui disputer la faveur du grand public. La boulimie d'images est telle que les producteurs, comme les réalisateurs et les acteurs, peuvent presque tout se permettre. Et surtout de se contenter de porter à l'écran, à la hâte et sans aucune imagination, des comédies, des pièces de théâtre déjà éculées.

Raimu se laisse peut-être griser par tant de facilité. Du moins ne s'intéresse-t-il guère, pour le moment, à ce qu'en pensera la postérité. Ou peut-être pressent-il, à juste raison, qu'on lui pardonnera sans rechigner ces fourvoiements pour ne retenir que le meilleur.

Au nombre du meilleur comptent pour l'instant *Marius* et *Fanny*. Le reste est à venir.

Dans la même veine que *Théodore et Cie* et *Charlemagne*, Pierre Colombier porte à l'écran, en 1934, *Ces messieurs de la Santé*, d'après la pièce de Paul Armont et Léopold Marchand. Avec Raimu, les noms d'Edwige Feuillère, Pauline Carton et Lucien Baroux s'inscrivent au générique.

Encore en 1934, Roger Richebé réalise *J'ai une idée* avec, outre Raimu, Henri Poupon, Simone Deguyse et Félix Oudard. Le film est tiré d'une pièce intitulée *Tons of Money*, de W. Evans et Valentine.

Toujours la même année, Raimu interprète *Tartarin de Tarascon*. Marcel Pagnol en a écrit les dialogues et Raymond Bernard réalise cette production Pathé-Nathan. La distribution réunit une pléiade de vedettes : Fernand Charpin, Mouriès, Paul Olivier, Milly Mathis, Saint-Granier, Blanche Poupon, Jeanne Hélia, Henri Vilbert et Jean d'Yd.

Las... C'est un échec retentissant, une fois de plus mis sur le compte de Pagnol par un certain nombre de critiques. Celui du *Jour*, René Bizet, se montre l'un des plus virulents.

Marcel Pagnol lui réplique vertement, par journal interposé :

> *Vous dites que la partie algérienne n'est pas vivante... Depuis des mois, vous répétez : "Trop de textes! Trop de dialogues! Nous voulons des images!" Alors le metteur en scène supprime la*

moitié du dialogue, et il cherche de belles images, et il les trouve. Il l'a fait sur vos conseils... parce que vous l'exigiez. Et dès que le film est sorti, qui est-ce qui vient faire la moue ?... C'est vous!... Vous lancez quelqu'un sur une fausse piste et vous l'appelez ensuite "égaré". Je trouve que ce n'est pas juste... Puisque vous me donnez raison en louant la première partie de Tartarin, *qui est de moi, et en condamnant les deux dernières, qui sont du cinéma pur, j'ai le droit de constater que mon cordial ennemi, René Bizet, vient de passer dans notre camp : il ne nous manque plus que son aveu.*

Puis, dans *Les Cahiers du film,* une revue mensuelle qu'il a créée de toutes pièces, Marcel Pagnol précise sa conception du cinéma :

Les réalisateurs du cinéma muet avaient consacré leur vie à chercher et à inventer des formules pour raconter des histoires en se passant de la parole. Leur demander de renoncer à celles-ci, c'était exiger d'eux un sacrifice trop grand. Il était naturel qu'ils cherchassent à minimiser l'importance de l'invention nouvelle. Ce qu'ils ont fait. Ce qu'ils font...

Le cinéma parlant impose aux réalisateurs l'emploi de dialogues. Écrire des dialogues est un talent très particulier. Le cinéma parlant doit désormais faire appel à des auteurs dramatiques. Ce qui ne signifie pas du tout que les films nouveaux seront nécessairement du "théâtre en conserve". Le cinéma parlant met à la disposition des auteurs dramatiques des moyens fabuleux et

> *les progrès de la technique vont encore, d'ici peu, leur en apporter d'autres, comme le cinéma en couleur. [...]*
>
> *A eux, aux auteurs dramatiques de donner à cet art nouveau toute l'importance qu'il peut avoir; d'en définir les lois, l'esthétique, la technique, de leur faire prendre toutes les chances qui sont les siennes, de créer des chefs-d'œuvre.*

Raimu ne se préoccupe guère de ces querelles d'écoles. Ses affaires marchent tambour battant. Et voilà bien la seule chose qui l'intéresse vraiment. Son train de vie s'améliore encore et il peut s'offrir, en location, un appartement au 17 de la rue Washington, pas tellement loin du précédent, rue Balzac, et encore plus proche du *Fouquet's*, son quartier général, son « bureau ».

Il s'installe donc au quatrième étage d'un somptueux sept-pièces. Raimu le meuble et le décore avec un goût sûr, sans jamais faire appel aux conseils d'un spécialiste. La plus belle pièce est certainement le salon, tout en style XVIIIe authentique, aux tentures et aux tapis épais, aux murs éclairés de tableaux de prix, des paysages marins pour la plupart. Au-dessus des boiseries acajou court toute une série de gravures anciennes, et de « chevaux » — étonnant quand on sait que Raimu n'est jamais monté à cheval ni n'a mis les pieds sur un champ de courses.

Dans ce cadre huppé, Raimu et les siens mènent une existence bourgeoise, ouverte seulement aux amis proches. Ici on ne traite pas les affaires, les contrats; on traite ceux qu'on aime. Et, à le voir vivre dans ce lieu, on mesure à quel point Raimu sait se dédoubler, partager son existence. Celle de l'homme public, de l'acteur formidablement célèbre, du comédien souvent cabotin ; et celle de l'homme privé, discret, d'une grande pudeur. Capable, malgré la pression de la société et de la gloire, de consacrer du temps à la famille : sa femme Esther, sa fille Paulette, sa belle-mère Ernestine, appelée « Mémée ».

Une journée de Jules-Auguste-César Muraire, dit Raimu, est « une journée particulière » en ce qu'elle ressemble peu à celle qui la précède ou la suit. Elle varie en fonction des obligations professionnelles de Jules, de ses répétitions au théâtre ou de ses tournages pour le cinéma. Avec pourtant un moment immuable : le réveil.

Raimu se lève tôt. Il ne conçoit donc pas que son entourage puisse encore se réfugier dans le sommeil quand il a, lui, terminé sa nuit. Armé d'une grosse cloche de vache qu'il emporte même en vacances, il la secoue et réveille toute la famille.

On se retrouve peu après dans la salle à manger pour le petit déjeuner, préparé par Esther. Imposant dans sa robe de chambre aux couleurs chatoyantes, Raimu préside, entouré de ses trois femmes. Et il procède à l'ordonnancement de la journée. Il charge par exemple Paulette, encore un tantinet ébouriffée et les traits brouillés, de s'occuper de la nourriture de César.

César est un magnifique bouvier des Flandres que Raimu a lui-même acheté. Un redoutable chien de garde bien dressé. Il viendra, lui aussi, s'engourdir sous le chaud soleil de la Côte.

Le cas de César réglé, le chef de famille établit les horaires des repas, liés aux impératifs du jour. En ce mois de février 1934, Raimu tourne *Ces messieurs de la Santé,* avec Edwige Feuillère, Lucien Baroux et Pauline Carton. Pour le moment il travaille des scènes d'extérieur en fin d'après-midi. Raimu décrète que l'on pourra donc prendre le déjeuner vers 13 heures.

En revanche, dans la composition des menus, Raimu ne fait preuve d'aucune exigence particulière. Ni d'originalité.

Ses grands yeux verts tout pétillants de malice, Esther prend souvent un taquin plaisir à demander à son époux ce qu'il veut manger. La réponse est rituelle : « Du bœuf en daube. » Il a en effet une préférence très marquée pour cette recette. Il la prépare d'ailleurs lui-même à merveille.

Matinée paisible. Enfoncé dans le fauteuil de cuir de son bureau, mâchonnant un havane, Jules parcourt les journaux, délaisse les romans policiers — sa passion —, pour se plonger dans l'*Histoire de France* de Michelet. Motif : voilà huit jours son ami Tino Rossi s'est répandu partout en proclamant que la culture de Raimu équivalait à zéro et qu'en particulier ses connaissances historiques s'arrêtaient à Louis XI. Vexé, Raimu s'est offert l'œuvre entière de Michelet et, sa mémoire d'éléphant aidant, s'en pénètre.

Déjeuner en famille. Attentif, aux petits soins pour les siens, le grand Jules attache la serviette de Paulette autour de son cou, fait de même avec la sienne, converse aimablement avec Mémée, assise à sa droite. Un gendre de rêve, porté parfois sur des plaisanteries douteuses : c'est ainsi par exemple qu'il offre à Mémée de prétendus bonbons au miel. En réalité, il s'agit de suppositoires à la glycérine! Il arrête son geste juste avant qu'elle ne mette le bonbon à la bouche. Et il part alors d'un rire énorme, encore plus énorme quand Mémée, faussement indignée, lui lance d'une vois flûtée :

— Jules, vous n'êtes qu'un polisson!

Café. Long cigare. Longue sieste. Arrivée de Maupi. Esther l'installe dans un fauteuil, le régale de cognac tandis qu'elle poursuit au vin rouge. Sa boisson préférée dont elle ne dédaigne pas d'user dès le matin, à jeun.

Sorti de sa béate somnolence, Raimu grogne, se prépare et s'habille avec soin. D'une élégance sobre et discrète, il ne sacrifie jamais aux exigences de la mode, tout en étant à la mode. Fidèle au même tailleur depuis quarante ans, il compte parmi les hommes les mieux habillés de Paris; ses chemises et ses pardessus anglais font sensation, comme ses « nœuds paps ».

Cet après-midi, le comédien met un pantalon à petits carreaux, un gilet à revers à huit boutons, une veste et un manteau bruns. Et, placé haut sur le front, un chapeau de feutre à larges bords.

Raimu et Maupi cheminant côte à côte sur les Champs-Élysées, c'est un régal pour les Parisiens. Le géant et le nain, l'Ogre et le Petit Poucet. Maupi met encore plus en valeur la haute et robuste silhouette de son ami. Raimu avance tout en bavardant, offrant une allure imposante et sereine de proconsul, assortie d'un rien de nonchalance. Heureux comme un enfant d'être reconnu, salué gaiement par les passants, toujours un peu intimidé par la foule mais enchanté de sa popularité.

Voici les deux inséparables arrivés devant le *Fouquet's*. Commence le numéro de Raimu. Il s'arrête à quelques mètres de la terrasse, parle haut, s'arrange pour attirer l'attention. Penché vers Maupi, mains derrière le dos, il se lance en imprécations et dans une colère aussi feinte que spectaculaire. Assuré de son effet, certain que tout le monde l'a reconnu, il gagne une table en compagnie de son complice. Aussitôt salué par Brunet, le maître des lieux, qui l'appelle « mon colonel » et par ses relations ou amitiés habituelles. Raimu connaît tout le monde de ce Tout-Paris qui l'a adopté, et tout le monde le connaît.

Un peu plus tard, gavé de considération et de boissons offertes par sa cour, le comédien se rend en métro sur les lieux du tournage de *Ces messieurs de la Santé*. Heureux de travailler avec des acteurs de grand talent et qu'il estime beaucoup, comme Feuillère, Baroux et Carton.

Sa prestation terminée, il regagne son domicile. En compagnie de Maupi, invité à dîner aux côtés de Blavette, Marcel Pagnol et Orane Demazis.

Raimu fait alors de fréquentes incursions dans la cuisine où s'affaire Esther. Il entoure le cou de sa femme de sa grosse patte, geste de tendresse familier :

— Vaï ! Laisse tout ça, mamine, ça cuit tout seul... On t'attend tous, pour le pastis... Sauf Maupi qui a pris une avance, il est déjà à moitié empégué, le fada !

Ce climat familial réchauffé par les visites des vrais amis enchante Raimu. Grand acteur, mais bon époux et bon père. Il adore sa fille, la comble de cadeaux et se montre peu sévère devant la médiocrité de ses résultats scolaires. En fait, il ne s'intéresse guère à ses études. Réaction d'un homme en rupture forcée d'école, jadis, à douze ans ? Il manifeste une certaine méfiance, sinon du mépris, pour l'instruction et le justifie à sa façon :

— Il en a fait des études, mon frère Valentin ! Il a même obtenu une licence en droit ! Et vous savez comment il a fini ? Comme marchand de cirages, à Oran ! Et moi, qui ai quitté l'école tout pitchoun, je suis Raimu. Et mon nom est en haut des affiches ! Et Sacha Guitry ! Renvoyé d'une dizaine de collèges ! Le premier de nos auteurs dramatiques !

Si bien que le soir, ses devoirs plus ou moins bâclés, Paulette dispute des parties de belote acharnées avec son père, qui triche de façon éhontée et avec une joie égale à celle de César aux prises avec M. Escartefigue et M. Brun.

La vie parisienne, pour le roi Raimu, ressemble à une fête permanente pendant ces années 30 qui consacrent sa gloire. Il ne songe pourtant qu'à la fuir au seuil de l'été. Raimu retrouve, dans son cher Midi, ses racines, ses amis d'enfance et un certain goût de vivre que la réussite n'a pas altéré.

En 1934, il a vendu sa maison du Pradet qui ne lui convient plus. Il en achète une autre à Bandol. Il la gardera jusqu'en 1944.

Cette demeure, c'est la villa « Clémentine ». Ancrée cn baie de Renécros, sa masse majestueuse surplombe la mer. En sentinelle se dresse un pin parasol centenaire, repère bienvenu des marins-pêcheurs.

Une route étroite — la future rue Raimu — conduit

à la propriété. Une fois les grilles d'entrée franchies, on suit une allée de dalles plates et biscornues entremêlées de gazon et bordée de hautes jarres débordant de géraniums. On avance dans une symphonie éclatante d'orangers et de citronniers, de roses, de mimosas, de palmiers et de figuiers. L'allée débouche sur la maison. Une bâtisse de deux étages en forme de L, aux murs ocre et aux volets verts.

Au rez-de-chaussée un vaste hall s'ouvre sur une salle à manger communiquant par une porte vitrée avec le salon, une pièce gigantesque, dix-huit mètres de long sur dix de large, également carrelée de « malons » en terre cuite. Elle donne sur un balcon, face à la mer. Du hall part un escalier de bois monumental qui aboutit au premier étage, aux appartements respectifs de Jules et d'Esther. Chacun d'eux comporte deux pièces et une salle de bains. Dans sa chambre aux murs presque nus, Raimu a fait installer un lit provençal du XVIIIe siècle de deux mètres sur deux, aux montants massifs sculptés de rosaces. Au-dessus de la tête du lit, accrochés au mur, un portrait souriant de l'acteur, encadré d'un trombone bien astiqué et de photos de famille. Ce lit, c'est la joie de Raimu et la terreur d'Odile, la petite bonne, qui doit le faire chaque matin. Paulette et sa grand-mère Ernestine, « Mémée », dorment au même étage dans une chambre équipée de lits jumeaux. Au second, les chambres des domestiques, celle d'Odile et du valet de chambre, atteint de strabisme, ce qui a incité Raimu à le surnommer le vicomte de Beauregard. Deux chambres d'amis avec terrasses dominent Bandol. Sur l'une d'elles Jules a placé une machine à ramer, « pour faire tomber le bide ». Mais il ne s'en servira jamais. Et le « bide » ne fera qu'y gagner en majesté.

— Ils vont sans doute me traiter de fada, s'exclame Raimu en prenant possession de « Clémentine ». Tant pis, je vais quand même faire mettre le chauffage central. Parce que même en plein été, peuchère, on peut prendre le mal de gorge, et un acteur qui a le mal de gorge c'est plus un acteur !

Le chauffage installé, le grand homme rassuré s'attaque à l'ameublement de sa belle maison et, dans sa chasse frénétique aux antiquaires, manifeste un goût sûr, hérité de son tapissier de père. Armoires, bahuts, tables, tous de style provençal et patinés par le temps mêlent leurs taches sombres aux couleurs vives des canapés et des fauteuils recouverts de chintz et de velours de Gênes. Une grande réussite.

Et cet univers heureux, cet ensemble mêlé de pierre et de bois, le Toulonnais décide de le rebaptiser. « Clémentine » disparaît du fronton. La remplacent deux mots nouveaux : « Ker-Mocotte ». Un double clin d'œil. D'abord à l'intention de sa femme bretonne, puisque Ker signifie maison en breton; ensuite en hommage aux « gensses » du pays, puisque Mocotte évoque le mot provençal Mocot qui veut dire marin.

Ker-Mocotte, la « maison du marin », sera un havre de paix pendant la guerre. Le jardin secret et luxuriant de l'acteur en rupture répétée et estivale de parisianisme. Le Toulonnais, l'homme du bord de l'eau, n'aime rien tant que contempler la mer. Assis sur sa terrasse ou allongé sous son pin centenaire, il s'enivre des senteurs de lavande, de genêt, de ce thym provençal appelé farigoulette.

« Pour mon père, raconte Paulette Brun[1], ce pin était un symbole. Dans la vigueur de son tronc il y trouvait quelque chose de sécurisant, d'indéracinable, une force herculéenne, une stature qui faisait écho à la puissante charpente de papa. »

Et, lorsque cet arbre s'abattra sur la plage suite à un éboulement de terrain et qu'il faudra cerner la maison de béton armé, Raimu cessera d'aimer Ker-Mocotte : « Ce n'est plus une maison, c'est une forteresse. »

Mais bien avant ce drame, les étés se succèdent, paradoxalement heureux pour Raimu, notamment pendant les sombres années de guerre. Il partage son temps entre le doux farniente en famille et les escapades tout au long de la côte. Au volant de sa puissante Packard noire décapotée, il va retrouver ses copains de toujours. A Bandol même, c'est à la terrasse ombrée de palmiers, *Chez Suzy*, qu'il prend le pastis en compagnie du fidèle Blavette, d'Henri Poupon, d'Ernest Monti, le patron, et de Réveillat, fils d'un roi d'appareils ménagers. Ce qui a permis à Pagnol de trouver à ce dernier une « belle tête de radiateur romain ».

A Toulon, c'est la tournée des bistrots sur le boulevard de Strasbourg. Une artère longtemps hantée par les « petites alliées » si chères à l'officier de marine et écrivain Frédéric Bargon — dit Claude Farrère. La virée s'achève en général chez Testi, patron de la brasserie *La Lorraine*, précédant un retour incertain vers le home familial.

---

1. *Raimu mon père*, Hachette, 1980.

A cette existence estivale, voisine du paradis, une ombre au tableau pour les proches du maître de maison : son autoritarisme, ses manies, sa tyrannie domestique, sa façon pénible d'imposer son rythme de vie. Car, si le chef n'embouche pas au petit matin son trombone suspendu au-dessus du lit, il secoue frénétiquement la cloche de vache amenée de Paris, ce qui fait sursauter l'ensemble de la maison : Esther, Paulette, Mémée et les domestiques. Et même César, le puissant bouvier des Flandres et redoutable chien de garde qui, d'ailleurs, ne devrait normalement dormir que d'un œil.

XII
Retour à la trilogie

En septembre 1935, Raimu retrouve Paris. Il se commet alors dans des œuvres cinématographiques douteuses. La première *Minuit, place Pigalle*, d'après le best-seller de Maurice Dekobra, réunit autour de Raimu, Ginette Leclerc, Maupi, Robert Vattier, Paul Faivre. Bien moyen. Tout comme *L'École des cocottes*. Pierre Colombier a adapté la pièce d'Armont et Gerbidon, créée par Raimu au théâtre Michel le 16 février 1918. Le concours de Renée Saint-Cyr, fervente admiratrice de Raimu, d'André Lefaur et d'Henri Roussel ne parvient pas à faire oublier la médiocrité de ce film.

Après *L'École des cocottes*, c'est *Faisons un rêve*. D'après, et avec Sacha Guitry. Raimu y retrouve avec plaisir la toute jeune Jacqueline Delubac, troisième épouse du maître. Mais malgré cette tendre collaboration, *Faisons un rêve* ne pétille pas plus qu'un champagne éventé.

Et ce n'est pas avec *Gaspard de Besse*, un roman de Jean Aicard adapté par Carlo Rim et réalisé par

André Hugon, que Raimu renoue avec la critique. Tout juste continue-t-il, et ce n'est déjà pas si mal, à remplir les salles obscures...

L'année 1935 s'achève avec un retour au théâtre de Paris. Très exactement le 4 décembre, c'est la création de *Noix de Coco*, une comédie de Marcel Achard. Raimu y a pour partenaire Ginette Leclerc, Huguette Duflos et Lucien Brulé. Une troupe qu'il mène de main de maître, ainsi que le racontera plus tard, Marcel Achard lui-même :

> *Raimu me fit l'honneur de mettre en scène* Noix de Coco *et ceux qui ont assisté à des répétitions ont gardé un étonnement émerveillé de voir Raimu jouant tous les rôles, les uns après les autres, pour les indiquer à ses camarades. Celui de la jeune fille particulièrement, qui l'amusait. Il disait à Ginette Leclerc, qui en était chargée :*
>
> *— C'est bizarre que tu ne puisses pas dire ça... Mais tu n'as donc jamais été jeune fille de ta vie...*
>
> *Et lui, il jouait le rôle de Nathalie. Et c'était merveilleux d'innocence, de jeunesse et de féminité.*
>
> *Car ce cyclone savait se faire zéphyr.*
>
> *Quand j'écrivais que certaines répliques ne seraient plus jamais aussi bien dites, je pensais égoïstement à celle qu'il jetait à son fils, au troisième acte :*
>
> *— Tu as essayé de te tuer... Et tu me dis ça, à moi... Mais tu veux donc que je t'assomme ?...*
>
> *Il y avait dans la salle, le soir, quand il le disait, de ces silences qui sont la récompense des auteurs dramatiques.*

Raimu fait merveille. Raimu brûle les planches. Tant et si bien que *Noix de Coco* remporte un véritable triomphe. Paul Reboux, du *Petit Parisien*, écrit :

> *Ah, la jolie, la jeune, la franche, la profonde, la riche comédie... Quelle fécondité d'inventions... et quel dialogue où les mots sont comme des émaux, lisses et simples, mais riches de couleurs profondes... Jamais Marcel Achard n'a donné à ce point la mesure de son talent si varié, si fantaisiste et si humain à la fois...*

Les années se suivent et se ressemblent s'il ne s'agissait que de Raimu. Mais le monde change. Et l'horizon se charge de sombres nuées. Le 30 janvier 1933, Adolf Hitler a été nommé chancelier du Reich par le vieux maréchal-président Hindenburg.

Dans le même temps, Benito Mussolini, dit le « Duce », a lancé les troupes fascistes à la conquête de l'Éthiopie (qu'il envahit le 3 octobre 1935). Et le nouveau président des États-Unis enregistre les premiers succès économiques consécutifs à la mise en œuvre du *New Deal.*

En U.R.S.S., tirant prétexte de l'assassinat de Kirov, Staline a déclenché une vaste épuration au sein du parti bolchevik. L'ère des grands procès vient de s'ouvrir. Accusés d'être « des déviationnistes de gauche », ou encore des « droitiers », la plupart des cadres du régime sont éliminés.

Enfin, en cette année 1936, la France comme l'Espagne se dotent, à la faveur d'élections générales, d'un gouvernement dit de « Front populaire ». Le nouveau président du Conseil s'appelle Léon Blum.

Étrangement, cette succession d'événements historiques ne fascine pas beaucoup Raimu. Pas plus qu'elle ne perturbe le cinéma dont il est l'une des principales têtes d'affiche. Car ce cinéma-là, il nous faut bien le constater, n'a pas pour ambition première d'être en prise directe avec son temps. Loin s'en faut... Mais quand bien même, Raimu devrait-il s'arrêter de tourner ?

A peine la carrière de *Noix de Coco* s'est-elle achevée que le comédien regagne les studios. Comme l'année précédente, il enfile quatre films coup sur coup.

Le Roi inaugure cette nouvelle série. Une pièce de Gaston de Caillavet, Robert de Flers et Paul Arène, adaptée par Louis Verneuil et réalisée par Pierre Colombier. Une formidable distribution (Gaby Morlay, Elvire Popesco, Victor Francen, Duvallès et André Lefaur) ne suffit pas à relever un plat décidément trop fade...

Suit *Le Secret de Polichinelle,* d'André Berthomieu, adapté de Pierre Wolff par Charles Spaak, avec entre autres Alerme et Françoise Rosay. L'immense talent de Raimu paraît déjà moins à l'étroit dans un rôle qui, pas vraiment taillé sur mesure, lui permet de faire briller plusieurs facettes de son grand art. Sa voix, tantôt grondante et tantôt feutrée, offre un contraste savoureux avec celle, étrangement râpeuse, de Françoise Rosay.

Avec *Les Jumeaux de Brighton,* où Raimu ne campe pas moins de trois personnages différents (et pourtant fort ressemblants), le travail se peaufine nettement. Cela tient à la pièce de Tristan Bernard aussi bien qu'à la présence et à la cocasserie de Michel Simon, Maupi, Suzy Prim et Jean Tissier.

Retour à la trilogie

Enfin, survient le quatrième film de cette série... et le troisième d'une autre. En somme, la suite de la suite... A savoir, *César*, qui prolonge *Fanny*, qui a lui-même succédé à *Marius*. La célèbre trilogie de Marcel Pagnol s'engage sur la bonne voie.

Après quelques médiocres films et demi-succès, Marcel Pagnol a su de nouveau s'imposer, fin 1934, avec *Angèle*, dont il a réservé le premier rôle à Fernandel. Ce dernier a fait une éblouissante composition, reconnue par une presse unanime. Quant à Orane Demazis et Delmont, ils ont été meilleurs que jamais. Un fantastique succès qui remet le pied de Pagnol à l'étrier. Mieux que ça : il est dorénavant classé numéro un au box-office.

Il enchaîne aussitôt avec *Merlusse* et *Cigalon*, respectivement un court et un long métrages présentés l'un à la suite de l'autre. *Merlusse* est porté au pinacle, tandis que *Cigalon* est voué aux gémonies.

Pagnol n'aime pas rester sur un échec. Le 3 mars 1935, il retrouve Raimu à Marseille, attablé à la brasserie de Verdun. Raimu n'en a que pour sa villa de Bandol, tandis que Pagnol cherche une idée.

— Tu sais quoi, Marcel ? Au lieu de te ronger les sangs comme tu le fais, tu devrais venir travailler dans ma maison. L'inspiration te prendrait comme un coup de mistral...

— L'inspiration ne me manque pas... Je sais bien ce que je voudrais faire. Il ne tient d'ailleurs qu'à toi.

— Que veux-tu dire ?

— Et bien voilà. Charpin, Fresnay, Orane, Alida, Vattier, Dullac, Milly Mathis... Tout le monde est encore là.

— Oui... Et alors ?

— Alors, il y a que ce serait bête de ne pas en profiter pour faire la suite de la suite. Ça ferait une bien belle pièce.

— La suite de *Marius* et *Fanny* ?

— Cette question ! Seulement... Seulement il y a toi... Toi et ton foutu caractère... Et pourtant le petit Césariot ne demande qu'à grandir.

— Mais qu'il grandisse, ce petit, je ne demande que ça !

— C'est vrai ? Tu me signes un papier ?

— Tout ce que tu veux.

Aussitôt dit, aussitôt fait. Raimu appelle le garçon et lui demande une feuille.

— Je n'en ai qu'à l'en-tête de la maison.

— A l'en-tête ou non, donne-moi du papier !

Le garçon s'exécute et Raimu sort son gros stylo. D'une écriture saccadée, il rédige et signe le « contrat » suivant :

> *Entre le 30 novembre et le 1er mars 1936, je m'engage à créer le rôle de César (pièce de théâtre) dans la pièce que tu feras et que tu me promets aujourd'hui, et je jouerai ce rôle tant que la pièce tiendra l'affiche.*

Raimu s'est engagé. Mais Charpin et Pierre Fresnay ne sont pas libres avant longtemps. En tout état de cause, Pagnol ne pourra pas réunir sa troupe avant avril ou mai 1936. Et encore, ce ne sera possible que pour quelques semaines seulement.

Puisqu'il en est ainsi, Marcel Pagnol change son fusil d'épaule. Plutôt que de passer d'abord par le théâtre, *César* sera tout de suite porté à l'écran. Ainsi fera-t-on l'économie de nombreux mois, voire de plusieurs années d'attente.

Raimu est prévenu sans tarder que le premier tour de manivelle sera donné en mai 1936.

Il se frotte les mains et proclame en substance à qui veut l'entendre :

— Le contrat que j'ai signé n'est plus valable. D'abord parce que je m'étais engagé pour une pièce de théâtre. Ensuite parce qu'il expire le 1er mars. Si Marcel veut de moi — et il ne peut pas faire autrement ! — il devra en passer par mes conditions. Et je ne vais pas me gêner pour faire monter les enchères !

Mais Raimu se vante un peu trop vite. Cette fanfaronnade vient aux oreilles de son ami qui, plutôt que de céder, imagine un ingénieux stratagème afin d'obtenir gain de cause.

Rendez-vous a été fixé pour la signature de l'accord. Au jour dit, Jules se présente rue Fortuny. Le maître d'hôtel l'accueille avec un peu de cérémonie :

— Monsieur Pagnol vous prie de bien vouloir l'attendre et de l'en excuser. Il aura quelques minutes de retard. Si vous voulez bien vous donner la peine de me suivre, il m'a demandé de vous conduire dans son bureau.

En fait, le maître de céans s'est caché dans la pièce voisine. Sur sa table de travail, il a négligemment laissé un gros manuscrit, ouvert à la page de la scène I.

Raimu ne peut résister à la curiosité qui le tenaille. Il se lève, passe derrière le bureau et lit avec effarement le titre de la première scène de César.

Elle est en effet intitulée, tout simplement, *La Mort de César.*

Sur ce, Pagnol fait son entrée. Raimu est blanc comme un linge.

— Dis, Marcel...

— Quoi ?

— C'est pas possible ?

— De quoi parles-tu ?

— La mort de César !

L'auteur jubile. Il lui a suffi de substituer au nom de Panisse celui de César pour que Raimu en rabatte; mieux : il passe sous ses fourches caudines, acceptant toutes les conditions de Pagnol pourvu qu'il ait l'assurance d'incarner un personnage vivant, et non pas un fantôme...

Le tournage de César n'ira pas sans mal. Comme pour se venger, Raimu fait caprice sur caprice. Il ne cesse de se plaindre. D'abord, parce que, jusqu'à la dernière minute, Pagnol s'amuse à modifier son texte. Ce qui a pour effet d'exaspérer profondément Raimu :

— Ce n'est pas de cette façon que travaillent Hugon, Berthomieu et Colombier !

Ensuite, les studios des Peupliers, à Marseille :

— Ça ne vaut pas ceux de Billancourt ou de Saint-Maurice ! ironise le comédien.

Enfin, les prises de vue en extérieur ne cessent de l'irriter :

— Un jour c'est le vent, le lendemain les nuages... Impossible de faire du bon travail !

Quoi qu'il en soit, et malgré les sautes d'humeur de Raimu, tout se termine au début du mois d'août.

Retour à la trilogie

Annoncé par une splendide affiche dessinée par Dubout, *César* sort sur les écrans en novembre 1936. Et le troisième volet de la trilogie de Pagnol tiendra au programme des salles obscures vingt semaines durant. Oui, cinq mois ! Un immense triomphe populaire. A faire pâlir de jalousie les acteurs, réalisateurs ou producteurs du monde entier. Et propre, évidemment, à combler Raimu, de nouveau propulsé au zénith.

XIII
Le fidèle Maupi

César relance donc la carrière de Raimu. A telle enseigne qu'il ne tourne pas moins de sept films durant la seule année 1937.

Tout commence avec la réalisation de Léon Joannon, *Vous n'avez rien à déclarer?*, d'après une pièce de Maurice Hennequin et Pierre Veber. Une fine équipe est réunie pour la circonstance. Qu'on en juge : Saturnin Fabre, Pierre Brasseur, Alerme et René Génin.

Puis, après avoir joué dans une revue intitulée *Ça c'est Marseille!* avec Fortuné Aîné (qui lui avait involontairement valu l'un de ses tout premiers rôles), Raimu se commet dans *La Chaste Suzanne*, d'André Berthomieu. En compagnie d'Henri Garat et Meg Lemonnier qui avaient failli créer *Marius* à l'écran.

La Chaste Suzanne est vite bâclé. Raimu entreprend *Le Fauteuil 47*, de Fernand Rivers d'après une comédie de Louis Verneuil. Encore et toujours du théâtre en conserve. Entouré de Françoise Rosay,

André Lefaur et Henri Garat, Raimu ne s'en tire malgré tout pas trop mal.

Mais c'est surtout par les quatre films qui suivent que la cuvée 1937 va s'affirmer l'un des meilleurs millésimes de Raimu à l'écran.

Dans un premier temps, il s'agit d'une véritable superproduction, réalisée par Sacha Guitry. Toute la presse en parle. Car le plateau des *Perles de la Couronne* est l'un des plus prestigieux qui se puisse imaginer. Inscrivent leur nom au générique : Arletty, Cécile Sorel, Jacqueline Delubac, Renée Saint-Cyr, Marguerite Moreno, Damia et Pauline Carton; quant aux acteurs, ils s'appellent : Maupi, Claude Dauphin, Henri Crémieux, Dalio, Jean-Louis Barrault, Sacha Guitry (qui ne rate pas l'occasion de se mettre lui-même en scène) et, bien sûr, Raimu. Ce dernier n'apparaît qu'en bout de pellicule. Il fait toutefois une composition magistrale à force de naturel et de simplicité. Richissime industriel méridional trompé par sa femme, il transforme un sketch, avec la complicité du fidèle Maupi, en morceau d'anthologie.

Les Rois du sport lui succède aussitôt, tiré d'un scénario de Jean Guitton et réalisé par Pierre Colombier sur des dialogues d'Henri Jeanson. Là encore, une éclatante distribution. Raimu travaille avec Fernandel, Jules Berry, Maupi, Doumel et Julien Carette. Mais le film ne tient pas toutes les promesses de l'affiche. Il s'en faut même de beaucoup.

Raimu n'a pas le temps d'avoir des états d'âme. Un tourbillon de propositions, une frénésie de jouer l'emportent. Il entreprend donc *Carnet de bal*, de Julien Duvivier. Une série de sketches tour à tour cocasses et émouvants, servis par les meilleurs acteurs du moment : Milly Mathis, Françoise Rosay, et Marie Bell, mais aussi Louis Jouvet, Fernandel, Harry Baur, Pierre Blanchar, Andrex et Pierre-Richard Wilm.

Enfin, voilà *Gribouille*, de Marc Allégret, avec une étonnante rencontre à la clé. Celle de Raimu et de Michèle Morgan qui fait ici ses débuts. Michèle Morgan ne l'oubliera pas de sitôt. Elle racontera plus tard dans ses souvenirs *Mes yeux ont vu :*

> *J'avais dix-sept ans et demi. C'est donc des impressions d'enfant que je garde de mes premières rencontres avec Raimu. J'étais follement intimidée car je l'admirais déjà beaucoup. Il me rendit tout de suite la tâche facile par une très grande gentillesse à mon égard. On le disait emporté ? Avec moi il fut d'une extrême patience. Pour mes débuts dans un grand rôle, il m'a aidée comme jamais je n'aurais espéré l'être. [...]*
>
> *Quand nous avions des scènes à jouer tous les deux, je n'avais qu'à le regarder. Il me semblait qu'il attirait mes répliques, qu'il les "couvait", les suscitait, et me guidait sans me donner la moindre indication. En réalité, il ne cessait de me conduire sans me dire un mot. Et quand je n'étais pas dans la scène, je le regardais jouer. C'était une école merveilleuse.*

Comment ce diable d'homme fait-il pour se renouveler sans cesse, et pour ne pas s'essouffler ? Il s'amuse. Tout simplement. Ce solitaire n'aime rien tant que tourner, et ensuite il retrouve les siens.

Quand un tournage s'achève, il part pour Bandol, entraînant Delmont, Blavette, Poupon et le fidèle Maupi dans son sillage.

Édouard Delmont... Le « père noble » de la troupe de Pagnol. Une vieille bête de music-hall, ex-régisseur général de l'Alcazar de Marseille. Un curieux physique. Sec, presque décharné, les traits émaciés de ces bergers de Provence après de longues années passées dans les alpages et sous un soleil brûlant. A coup sûr, beaucoup plus un personnage de Giono et de Daudet que de Pagnol.

Il le prouve dans *L'Arlésienne* en jouant Balthazar. Un rôle qu'il doit à Raimu pressenti par Marc Allégret : « Delmont sera beaucoup plus à l'aise que moi dans ce rôle. »

On le voit un peu, Delmont, dans *Marius* et *Fanny*, un peu plus dans *Angèle*. Vingt ans plus tard, il sera Maître Cornille, dans *Le Secret de Maître Cornille*, adapté de l'un des contes des *Lettres de mon moulin*, de Daudet.

Cuisinier et petit fabricant de boîtes de conserve de son état, Charles Blavette, autre Marseillais pur sang, se voit présenté un jour par Poupon à Pagnol, au tournant d'un pastis. Son naturel, sa simplicité sont si frappantes que Pagnol lui propose un rôle de paysan dans *Jofroi*, inspiré d'une nouvelle de Jean Giono. Raimu l'apprend et, furieux, se précipite chez Pagnol :

— Il faut que tu le saches, je n'ai pas l'habitude de travailler avec des amateurs, encore moins avec des fabricants de sardine !

Survient Blavette. Vague gêne de Raimu. Blavette la dissipe :

— Ce soir, je fais une bouillabaisse à la maison, voulez-vous être mon invité ?

Raimu accepte. Et, sa vaste panse réjouie, il proclame que Blavette, « comédien-né », devra faire partie à l'avenir de tous les films de Pagnol. Ce qui se produit. Les deux hommes se vouent dès lors une amitié profonde, que seule la mort de Raimu interrompra.

L'entremetteur de cette amitié c'est donc ce Henri Poupon, chanteur de music-hall, interprète et auteur de chansons ravissantes et à succès, telle *Je sais que vous êtes jolie*, ainsi que de monologues et de revues pour l'Alcazar. Un enfant de la balle. Pagnol lui confie le second rôle dans *Jofroi* — le premier va à Vincent Scotto — et, ébloui par sa performance, lui offre dans *Angèle* le personnage de Clarius. Poupon réalise un tour de force, Clarius devient cet être que le malheur conduit à la plus impitoyable cruauté.

Certain de tenir avec Poupon un nouveau Raimu tant son registre est étendu, Pagnol lui fait incarner dans *Merlusse* un répétiteur de lycée redoutable, terreur de ses élèves et de ses collègues. Un nouveau rôle de composition bien éloigné de la nature du comédien, ami sûr, cultivé, plein d'humour et de gentillesse. Lorsque Pagnol lui offrira, et lui reprendra cruellement le rôle du boulanger, « la grande chance de sa carrière », Poupon ne lui en tiendra pas rigueur et n'en voudra pas davantage à Raimu de l'avoir quelque peu évincé.

Belle attitude, comparable à celle qu'offrira Maupi, dans des circonstances analogues.

Maupi, Marcel Barberini pour l'état civil, né en Corse et transplanté très tôt à Marseille. Atteignant un mètre cinquante dans sa plus grande hauteur, maigrelet, visage fripé, mais doté d'une « tchatche » et d'un « assent » suffisants pour ne jamais passer inaperçu. Époux de Berthe, une Parigotte à l'accent pointu et pleine de rondeurs. Maupi, en tête d'une honorable carrière le menant du Concert Mayol à la porte Saint-Martin, du cinéma au théâtre de Boulevard, un moment vedette du théâtre Moncey et des Bouffes du Nord. Jouant avec la même aisance et la même drôlerie un milliardaire américain ou un cuisinier chinois.

Dans la vie, bien qu'heureux avec Berthe, Maupi est un effréné coureur de jupons qui ne compte pas ses succès en dépit d'un physique peu attirant. Ce qui permet à un Raimu réjoui de raconter à tout le monde, sous le sceau du secret :

— Bien sûr qu'il est petit, peuchère, Maupi, seulement voilà, je me suis laissé dire qu'il avait un sexe énorme, gros comme une bouteille de bordeaux !

Maupi, c'est le chien fidèle, un peu le souffre-douleur, et heureux de l'être, de Raimu. L'ami d'une vie, plus de quarante ans dans le sillage du grand homme, un des rares proches à faire partie de sa vie familiale. Une amitié payée de retour, puisque Raimu n'a cessé d'associer Maupi à presque toutes ses pièces et tous ses films.

Raimu-Maupi, un tandem soudé par l'affection. Le petit homme gardera sa vie durant la photo que Raimu lui avait dédicacée en 1929 : « A mon camarade, le *grand* Maupi. »

Tous ces fidèles, et bien d'autres, assistent un jour de juillet à l'irruption d'un phénomène dans la vie de leur ami Raimu. Une sorte de tornade, sous les traits réguliers de Julie Giola, une Marseillaise de la Belle-de-Mai mâtinée d'italien. Elle a trente-six ans. Elle est tout en rondeurs et une vieille de Bandol lui a dit : « Juju, on demande une cuisinière chez les Raimu. Toi qui cherches... »

Vêtue avec recherche d'une blouse en vichy à mi-manches, Juju se présente à la « Ker-Mocotte ». L'acteur l'engage pour cinq cents francs par mois après un dialogue bref mais édifiant autour des talents culinaires de la jeune femme. Le premier test les confirme avec un poisson grillé du jour.

— Tu ne resteras pas plus d'un mois, répètent certains pessimistes à Juju. Qué tronche d'api [Que tu es têtue] ! Tu le changeras pas, le Raimu. C'est comme un âne, tu as beau lui couper les oreilles en pointe, tu n'en feras jamais un cheval de course.

Juju ne coupe rien, mais elle ne coupe pas au charme envahissant de son patron. Ni à celui, plus discret, d'Esther qui en fait très vite sa confidente. C'est ainsi que Julie Giola, sixième de dix-neuf enfants, peut faire le compte des coups de canif portés par Esther au contrat de mariage.

— Que c'était même plutôt des coups de poignard, racontera plus tard la cuisinière[1].

Et d'ajouter :

> *Il faut dire que Madame était belle comme un soleil, elle avait une collection de chapeaux, Boudiou! qui devait coûter les dents de la gorge! Monsieur la promenait avec fierté, sans entendre les réflexions des envieux : "Regardez le vieux con, la belle femme qu'il s'est payée."*

1. Paulette Brun, *Raimu mon père, op. cit.*

Esther fait effectivement des ravages. Elle a des amants et Raimu le sait. Il paie même un certain Nénesse pour lui raconter les frasques de sa femme lorsqu'il est absent. Car, dès que Raimu a le dos tourné, Esther n'hésite pas à recevoir ses amoureux. Juju ferme les yeux. Elle sait aussi rester muette! Même devant les interrogatoires bougons de Raimu. Des questions de pure forme puisqu'il « sait ».

Mais, sur ce point précis, la complicité entre Juju et Esther irrite Raimu. Et lorsqu'il se retrouve en présence de sa femme, Juju assiste aux plus extraordinaires explosions de colère du comédien. Parfois, il y a de véritables explications. Mais il s'agit le plus souvent d'un monologue. Esther reste de marbre et attend que passe l'orage. Alors, Raimu va fumer un cigare au salon, puis revient discuter tranquillement du repas qu'ils vont offrir à leurs invités du jour. Juju, elle, s'affaire déjà aux fourneaux.

« Un radin! Un radin comme on n'en fait plus! » Pingrerie, avarice, voilà les deux grands défauts que l'on reproche habituellement à Raimu. Il ne les conteste guère :

— Je ne jouerai jamais Harpagon, de Molière, dit-il un jour en plaisantant à moitié, j'aurais trop peur que le public fasse un rapprochement avec ma personne!

Et pourtant, il paie cash et sans jamais discuter ses fournisseurs, il sait se montrer généreux avec les siens et ses amis. Parfois même, désintéressé dans ses affaires professionnelles. Un exemple : lors du tournage des *Perles de la Couronne*, il n'a pas voulu de cachet, estimant son rôle trop court pour le justifier.

Et rien que pour la beauté du geste, il adresse un petit mot en ce sens à Sacha Guitry.

Mon Cher Sacha.

Voilà. Pas d'appointements pour ce film. Un souvenir pour ma femme, si vous le voulez bien, et pour moi, comme convenu, une place à l'affiche.

Et mes remerciements. *Raimu.*

Sacha Guitry n'avait rien, lui, d'un Harpagon. Avec sa classe coutumière, il compensa le désintéressement de Raimu en offrant à Esther, sa femme, le choix entre une précieuse fourrure et un magnifique bijou. Elle balança longuement, puis opta finalement pour le joyau.

Pourtant, Raimu se fâcha avec Guitry. Par un regrettable malentendu, un comptable trop zélé avait cru bon d'inscrire la dépense de Sacha dans ses comptes et donc de la déclarer aux contributions. Lesquelles contributions infligèrent une amende à Raimu, qui avait omis de comptabiliser la bague dans ses revenus.

On imagine l'amertume et le ressentiment qui furent les siens. La vexation qu'il en éprouva fut telle qu'il ne pardonna jamais à Guitry l'erreur de son comptable...

Pour Raimu, l'année 1938 commence en fanfare. En effet, le 4 février, il reçoit des mains du président Albert Lebrun la croix de chevalier de la Légion d'honneur. Une distinction qu'il arbore ensuite avec fierté et qui lui vaut force compliments de la part de ses amis.

Cette croix est un hommage rendu à ta conscience, lui écrit Lucien Baroux, à ton travail, à ton immense talent.

Je te dis bravo.

Yves Mirande s'associe de tout cœur à ce concert d'éloges :

Jules,

Voici du vin rouge pour arroser ton ruban rouge.

Quand viens-tu dîner avec nous, pour que nous fêtions avec Esther et Simone cet événement qui m'a donné une grande émotion ?

Car pour moi — il faut bien le dire — tu étais décoré depuis longtemps puisque tu es le plus grand artiste de notre génération.

Je t'embrasse affectueusement, ainsi qu'Esther.

Yves Mirande.

Paul Géraldy n'est pas en reste, à sa façon :

Cher Chevalier Raimu,
(pour qui j'ai écrit un si beau rôle, mais dont vous vous fichez bien...) j'applaudis tout de même de tout cœur à votre croix, sans rancune, et vous félicite chaleureusement. »

Enfin, et c'est peut-être le témoignage le plus enthousiaste, Raimu reçoit des studios de Marseille, sur un formulaire intitulé « rapport de négatif », un petit mot ainsi conçu :

Mon cher Raimu, [on reconnaît l'écriture de Pagnol]

Ça nous fait autant plaisir qu'à toi. Nous venons de boire à ta croix sur le plateau, et nous t'envoyons tous ensemble notre affectueuse admiration.

Signé Marcel Pagnol, bien sûr, mais aussi Orane Demazis, Fernandel, Henri Poupon, Roger Cohen, Léon Bélières, Robert Vattier, Alida Rouffe, Albino, et quelques autres illisibles...

Raimu ne s'endort pas pour autant sur ses lauriers. Il tourne *Les Nouveaux Riches*, un film d'André Berthomieu, d'après une pièce de Charles Abadie et R. de Cesse adaptée par Roger Ferdinand. Raimu et Michel Simon ont été réunis sur le même plateau. En vérité, il s'agit bien là du seul attrait de ce bout de pellicule.

Dans la même veine — si l'on peut dire — Raimu joue dans *Le Héros de la Marne*, réalisé par André Hugon. Une production destinée, comme son titre l'indique, à exalter le patriotisme et la bravoure des Français au moment où Hitler vient de proclamer le rattachement de l'Autriche à l'Allemagne nazie. Un film qui ne laissera pas, lui non plus, un grand souvenir.

Marcel Pagnol, tout auréolé du succès remporté en avril 1938 par son film comique *Le Schpountz*, avec Fernandel, a en tête un nouveau projet. En fait, il y a déjà deux ans qu'il y pense. Il s'agit d'adapter à l'écran une nouvelle de Jean Giono intitulée *Aurélie et le Boulanger*.

Voici de quelle façon Giono décrit son personnage :

[...] un petit bonhomme grêle et roux. [...] Il

mettait toujours des maillots de marin, blancs à raies bleues. On ne devait jamais en trouver d'assez petits. Ils étaient tous faits pour des hommes avec un bombu à la place de la poitrine... Lui, justement, il avait un creux là, et son maillot pendait comme une peau flasque sous son cou. »

Tout naturellement, cette description fait que Pagnol se représente le boulanger sous les traits de Maupi. En douze jours de temps, du 25 septembre au 8 octobre 1938, retiré à Villard-de-Lans, Marcel Pagnol écrit le scénario de *La Femme du boulanger*, faisant mentir du même coup Raimu qui lui avait adressé, deux ou trois semaines plus tôt, la lettre suivante :

« *Je sais que tu n'écriras pas les dialogues de "La Femme du Boulanger" parce que tu préfères jouer aux boules et boire du pastis... Paresse, fainéantise, abrutissement. Et même si tu écris ce film, je ne le jouerai pas, parce que ce sera du travail de joueur de boules et d'avaleur d'apéritifs...* »

Sur quoi Pagnol lui avait répondu :

« *Je te considère comme le premier, ou le dernier des imbéciles. Ça dépend dans quel ordre on les range. Tu es un être imperméable, et cette fois-ci, c'est fini...* »

Le rôle du boulanger, Maupi n'en veut pas. Ou plutôt, il ne s'en estime pas digne.

— Non, Marcel. Mais permets-moi de te dire que je connais quelqu'un qui me paraît tout indiqué pour cet emploi...

— A qui penses-tu ?
— Bah, tu le sais bien...
— Raimu ?
— Peuchère !
— Alors ça, jamais ! Un pareil emmerdeur ? De toute façon, je suis fâché avec lui.
— Ça ne durera pas, suggère Maupi à mi-voix.
— Détrompe-toi, rétorque Pagnol. Cette fois-ci, c'est vraiment pour de bon.

Maupi ayant décliné son offre, Marcel Pagnol pense à Henry Bourelly, dit Rellys. Et puis, finalement, il se rend à l'évidence. C'est bien Raimu qu'il lui faut.

Il lui écrit une lettre et lui propose le rôle. Raimu lui répond. Il fait le difficile, et veut imposer ses conditions.

Marcel est prêt à tout accepter :

Mon grand Jules,

Je ne comprends pas grand-chose à ta lettre, sauf qu'on a dû te monter le coup contre moi. J'ai télégraphié et écrit à Corbessas que j'acceptais :

1/ Tes dates.

2/ Un à-valoir de 400000 payable quand tu voudrais.

3/ Un défraiement de 300 francs par jour pour te permettre d'habiter chez toi, à Bandol.

J'avais même écrit "Cela me paraît injuste, mais puisque ça lui fait plaisir, il faut le lui donner".

Je serai à Bandol samedi. Fais téléphoner à l'usine, DRAGON 09-16, pour me dire si tu y seras.

Tu as beau être mystérieusement injuste, je ne désespère jamais de toi.

Affectueusement,

Marcel.

Peine perdue. Par retour de courrier, Raimu l'accable de reproches, critiquant la mise en scène du *Schpountz*, la prise de son, les collaborateurs de Marcel...

Pagnol ne s'avoue pas vaincu. Avec beaucoup de patience, il répond point par point.

Cher grand Jules,

Je reçois ta deuxième lettre.

1/ Tu as dix fois raison pour Maupi. Mais ce n'est pas une erreur de mise en scène : c'est une erreur de montage que je n'avais pas vue. On a fini le montage quand j'étais à Paris. Mais le plan de Maupi en pied, je l'ai, et je le fais mettre dans le film.

2/ Quand tu parles du son, n'oublie pas que la qualité d'un son peut être entièrement bousillée par la projection. Nous avons écouté le Schpountz *au Chave, à l'Odéon, à Cinématélec. Le son était en tous points excellent, sauf dans deux ou trois passages d'extérieurs. Si le son est mauvais à l'Olympia, c'est que l'Olympia est une très mauvaise salle.*

J'ai interrompu ma lettre avant-hier, je la reprends aujourd'hui. Je viens de recevoir ta troisième lettre. Tu vas bientôt, pour les lettres, faire la pige à Madame de Sévigné. Ceci n'est pas un reproche : au contraire. Je suis content quand tu m'écris. Je lis ta lettre à tout le monde, en cou-

pant, bien entendu, tout ce qui pourrait faire de la peine à quelqu'un. [...]

Toi, tu as deux amis : Maupi et Delmont. Ils te rendent tous les services qu'ils peuvent. Tu juges — et tu as raison — que ces services prouvent leur amitié et leur cœur. Je suis d'accord avec toi.

Moi, je suis entouré d'une vingtaine de collaborateurs. Je les paie, parce que c'est juste. Et si ces gens-là — qui t'aiment bien — exécutent les ordres que je leur donne, tu dis que ce sont des courtisans. Pourquoi ? Tu voudrais peut-être que Charley ou Bourrely me pissassent au cul ? Il n'y a aucune raison, et ils n'ont jamais eu cette envie. Ils font, fidèlement, ce que je les charge de faire. S'ils ne le faisaient pas, tu dirais que ce sont des salauds et des traîtres. Quand ils le font, tu dis que ce sont des lèche-culs. Alors, que faut-il qu'ils fassent ? Donne-leur vite un conseil.

Maintenant, je fais appel à — non, excuse-moi. J'allais dire une connerie à mon tour. J'allais te dire : "Je fais appel à ton bon sens". Or, c'est la seule qualité qui te manque. Tu exagères tout — et c'est peut-être la base de ton talent.

Corbessas me téléphone que le Schpountz *est un gros succès, que les gens rient beaucoup : c'était tout ce que j'espérais de ce film, qui n'a jamais eu la prétention d'émouvoir.*

Je ne sais si tu as vu le compte rendu de Cinémonde : *on me félicite pour la photographie et pour la qualité du son. Tu vois comme les opinions peuvent varier !*

Affectueusement à toi
Marcel.

Mais Raimu ne veut rien entendre. Il va même jusqu'à colporter les pires ragots sur le compte de son ami. Par exemple que, depuis que son frère Paul est mort, Marcel n'écrit plus. Et pour cause, puisque c'était Paul qui tenait la plume!

Il ose même ajouter :

— Monsieur Raimu ne s'abaisse pas à jouer un rôle qui a été écrit pour Monsieur Maupi.

Devant tant d'entêtement, de mauvaise foi et même de méchanceté, Pagnol se fait une raison. Après Maupi, Rellys et Raimu, il pressent Henri Poupon pour le rôle du boulanger.

Poupon croit rêver. Il sent bien que c'est là la chance de sa vie.

— Seulement... paraît hésiter Pagnol, comme pour se ménager une porte de sortie.

— Seulement quoi, Marcel?

— Il y a tes dents...

— Mes dents? Qu'est-ce qu'elles ont, mes dents?

— Ce ne sont pas celles d'un boulanger.

Il n'en faudra pas plus pour que Poupon, bien décidé à décrocher son contrat, aille voir son dentiste de cousin. Quelques jours plus tard, il affichera un sourire éclatant...

Pendant ce temps, Pagnol se met en chasse d'une Aurélie. Il imagine tout d'abord d'employer Joan Crawford. Mais celle-ci ne parle ni ne comprend la langue de Molière!

Après bien des tergiversations, il jette son dévolu sur Ginette Leclerc. Laquelle ne demande pas mieux, pourvu que Raimu soit son partenaire.

— Pas question de Raimu, coupe Pagnol.

— Et pourquoi donc ?
— Pour la raison que nous sommes brouillés à mort.
— Alors tant pis. Il n'y a que Raimu qui puisse faire l'affaire. Sans lui, je vous dis non.

Et Ginette Leclerc n'est pas la seule à réclamer Raimu. Tous les collaborateurs de Pagnol s'en mêlent.

Marcel finit par céder. De même que Raimu, qui n'a pas apprécié qu'on ait failli lui préférer Henri Poupon.

Le pauvre Poupon en restera pour ses frais... de dentiste. Sauf que Pagnol lui verse un large dédit, accompagné de la lettre suivante :

> *Je voulais d'un seul coup te faire vedette. Je croyais que c'était possible. Je croyais qu'un film signé de moi et joué par toi pouvait être un succès commercial : je m'étais trompé... Les distributeurs et les exploitants ne veulent pas d'un film dont tu serais la tête d'affiche. Ce n'est pas parce que tu jouerais bien le boulanger que le film serait un succès. Personne ne le passerait. Ce qui fait le général, ce n'est pas seulement le talent militaire, c'est surtout le costume. Et pour obtenir le costume, il faut de longues années d'ancienneté... Il faut s'incliner. Je comprends ton chagrin et je suis plus humilié que toi. Nous avions fait un beau rêve, mais c'était un rêve. Tu peux souffrir de ne pas être accepté comme vedette. Je suis aussi vexé que toi parce que moi non plus on ne m'a pas accepté.*

Exit Poupon. Raimu, désormais seul en lice, profite du temps qui presse pour faire monter les enchères. Pagnol lui consent tout ce qu'il veut. Il s'engage même à lui réserver le premier rôle du *Roi de Bandol*, un film qu'il devait à l'origine tourner avec Maurice Chevalier.

Mais Raimu échoue lorsqu'il tente de convaincre Pagnol de rallonger le texte de Ginette Leclerc.

> *Cher grand Jules,*
>
> *J'allais t'écrire quand j'ai reçu ton mot. Il se passe pour ce film quelque chose d'extraordinaire : tout le monde ici languit de commencer. Les décors sont construits et meublés, du premier au dernier. Je crois qu'ils sont étonnamment réussis. J'en fais faire des photos pour te les envoyer.*
>
> *Charley, Bourrely, Assouad, Ledru savent le texte par cœur, et on sait exactement ce que l'on va faire. On répète déjà les éclairages du fournil et de la salle à manger. Nous partons demain pour Le Castellet pour repérer les heures où les magasins et le cercle sont éclairés par le soleil. J'ai l'intention de tourner tes grandes scènes avec deux appareils de prise de vues, deux micros, et deux camions de son.*
>
> *Ce sera une dépense plus forte, mais j'ai l'impression qu'on ne peut pas tourner dix fois des scènes comme celle de l'ivresse, et il faut essayer d'avoir deux scènes en ne tournant qu'une seule fois. C'est un avantage énorme pour le montage, parce que le mouvement est intégralement respecté, et le ton de la scène ne change pas.*
>
> *Oui, il faut commencer par les extérieurs. Mais comme tout sera prêt, au Castellet comme au stu-*

dio, nous pourrons, en cas de mauvais temps persistant, nous réfugier dans nos intérieurs pour y tourner de petites scènes. Il me semble qu'il vaut mieux garder les grandes pour la fin. Qu'en penses-tu ?

Ici, tout le monde t'attend avec impatience, et avec un état d'esprit que je n'avais encore jamais vu. On t'attend avec admiration, et même avec respect.

Je me demande si Scotto n'avait pas raison lorsqu'il m'a dit à Paris "On va voir dans ce rôle un Raimu que personne ne connaît, et il va faire quelque chose d'immortel*". C'est un bien grand mot. Il est peut-être exact.*

Je t'embrasse
Marcel.

Mais non, je n'ajouterai rien au rôle de Ginette. Elle a peut-être assez de talent pour se taire, et pour écouter, et pour regarder, ce qui n'est pas à la portée de tout le monde! D'accord pour le 2 mai. En tout cas, dès que tu arrives, viens au Castellet, où je m'installe.

N'ayant pas eu gain de cause sur le chapitre de Ginette Leclerc, Raimu s'en prend à Robert Vattier, prévu pour jouer le rôle du curé. Et à Charles Moulin, pour celui de Dominique, le berger.

— On dira que Monsieur Brun est entré dans les ordres ! Et puis Moulin, cette espèce de Tarzan, il a une grosse tête et un petit cul !

Mais Pagnol ne satisfait pas davantage ce caprice-là. Il ne le regrette pas. Le jeune Moulin gagne peu à peu l'estime et l'amitié de Raimu qui le prend sous son aile et lui apprend le métier.

dorénavant, se trouvera parmi des individus semi-ouvert [illegible], pour réfugier dans des intérieurs pour y [illegible] de [illegible]. Il me semble qu'il n'y a [illegible] garder les grandes pour de [illegible]. Qu'en penses-tu ?

[illegible], tout le monde l'attend avec impatience, et [illegible] que je n'[illegible] [illegible]. On l'attend avec [illegible] et même avec [illegible], [illegible] grande [illegible] pas, raison [illegible]. [illegible] dans ce [illegible] que personne ne [illegible] ce [illegible] quelque chose [illegible], c'est un [illegible] grand [illegible].

[illegible]

[illegible] [illegible] de [illegible] [illegible] pour [illegible], [illegible] pour [illegible] n'est pas [illegible] pour le [illegible].

[illegible] sur le chapitre [illegible] « Robert [illegible] pour le rôle [illegible] Charles Mou-[illegible], pour celui [illegible].

— On dira que Monsieur [illegible] est entré dans les ordres ! Et puis Moulin [illegible] de [illegible]. Il a une grosse [illegible] et un petit [illegible].

Mais [illegible] ne [illegible] pas davantage ce [illegible]-là. [illegible] pas [illegible] jeune Moulin [illegible] à peut être [illegible] l'amitié [illegible] qu'il prend sous son aile. [illegible] le métier.

XIV

Quand Raimu récuse Pagnol

Le boulanger de Bandol s'appelle M. Revest. L'air de rien, Raimu va « l'étudier » de près. Achetant pain sur pain, s'attardant à lier conversation, demandant à visiter le fournil. Flatté, M. Revest ouvre grand ses portes. Et les deux hommes ne tardent pas à sympathiser.

Il parle, il plaisante, mais dès que l'occasion se présente, Raimu va jusqu'à donner un coup de main. Et ce coup de main, il l'attrape bien vite. Au point que Revest lui lance :

— Si tu continues comme ça, Jules, je n'ai plus qu'à me faire acteur...

De fait, Raimu enregistre tout, photographie tout, bref, se met dans la peau de son personnage. Le naturel qui sera le sien à l'écran, il l'aura acquis dans la boulangerie de Revest.

Le professionnalisme de Marcel Pagnol n'a pas moins le souci du détail. Il sait que Raimu n'est jamais aussi bon que vers 21 heures. L'heure du lever de rideau... Et le talent de son interprète reste réglé sur le rythme du théâtre, bien qu'il se soit éloigné de la scène. Dès lors, les séquences les plus épineuses seront filmées en soirée. Dont celle de l'ivresse.

Ginette Leclerc, Alida Rouffe, Fernand Charpin, Robert Vattier, Édouard Delmont, Robert Bassac, Charles Blavette, Paul Dullac et Maupi, pour ne citer qu'eux, sont meilleurs que jamais... Tous les ingrédients sont réunis pour réussir un chef-d'œuvre.

Le tournage s'achève au milieu du mois de juin 1938.

Lorsque le film paraît, le 20 septembre 1938, il fait un triomphe. La situation internationale est si tendue (l'affaire des Sudètes va conduire, quelques jours après, à la signature des fameux accords de Munich) que le grand public se précipite dans les salles de cinéma comme pour y chercher un peu d'air pur. *La Femme du boulanger* répond à son attente.

La critique se retient de crier au chef-d'œuvre. Elle n'en reconnaît pas moins, ne serait-ce qu'à demi-mot, qu'il s'agit d'un véritable événement. De quelque chose de grand. De beau. Et de vrai.

Le même Jean Laury, du *Figaro*, qui avait épinglé *Le Héros de la Marne*, s'en fait l'écho :

> *Ce film comporte autant de naïvetés que de finesses, autant de trouvailles que de redites; l'aurore naît avec l'intrigue, le jour intensifie les angoisses dont elle est construite, la nuit descend pour tout apaiser et les jeux d'ombre et de lumière semblent commander l'œuvre tout entière — ils la font tour à tour apparaître plate à l'extrême ou d'un étonnant relief.*

Le sujet est mince, le drame ténu, excepté pour un seul : ce boulanger qui confond son bonheur et son métier — qui ne saurait pétrir la pâte ni faire dorer le pain sans que tout chante en lui comme un grillon dans le fournil.

Et le bonhomme entend faire jeûner le village parce que sa femme mordît précisément avec gourmandise dans le fruit défendu.

C'est en quelque sorte une suite de gros plans d'âme que Pagnol nous propose ici : une étude précise des réactions diverses que le malheur provoque chez un simple de cœur — chez ce Raimu-Aimable qui pousse tout à l'extrême : la confiance, le désespoir et la générosité. Le rôle nécessite peu d'éclats, de ces éclats sonores auxquels l'artiste excelle et se complaît, mais une succession de nuances le font passer de l'aveuglement à la surprise, puis à la douleur; il incline enfin sans efforts au pardon et tout cela se traduit plus encore par des grimaces que par des gestes ou des mots. De gros yeux ronds s'effacent, un sourire disparaît, un hoquet d'ivrogne s'achève en sanglot et Raimu ne redevient bavard que lorsqu'il s'agit de pardonner. La femme repentante appuyée contre lui, il s'essaye à des paraboles, il mêle à sa cause la nature, les animaux, le feu et trouve finalement en lui-même — en lui seul — les mots naïfs et magnifiques qui pouvaient clore un tel débat.

Projeté à New York (au Paris) quelques semaines après sa sortie, le film restera à l'affiche six ans ! Et un Emmy Award récompensera Raimu pour son inoubliable interprétation.

Raimu ne s'arrête pas en si bon chemin. Il vit sa carrière dans une sorte d'état de grâce.

Aussitôt après *La Femme du boulanger*, il rejoint Berlin, où l'attend le réalisateur Jean Grémillon, pour tourner *L'Étrange Monsieur Victor* sous la bannière de la UFA.

Albert Valentin signe le scénario et Charles Spaak l'adaptation; les dialogues sont l'œuvre du même Spaak en duo avec Marcel Achard. Quant à la distribution, elle approche la perfection : Pierre Blanchar, Madeleine Renaud, Viviane Romance, Andrex, Blavette, Delmont et Maupi conjuguent leurs talents pour faire date dans ce cinéma d'entre-deux-guerres. Raimu se glisse dans la peau d'un inquiétant M. Victor, personnage à double face, manière Dr. Jekyll et Mr. Hyde : commerçant toulonnais le jour, fort estimé, honoré, bon père et bon époux; et la nuit, redoutable chef d'une bande de malfaiteurs. Meurtrier d'un de ses complices maître chanteur, il laisse condamner et envoyer au bagne un innocent (Pierre Blanchar). Après l'évasion de ce dernier, il le prend en charge et en amitié.

Avec ce rôle à plusieurs registres, Raimu casse son image de colosse méridional, bon et truculent, imposé par Pagnol; la bonhomie n'est plus qu'une apparence. Il joue à la fois avec la faconde d'une respectabilité bourgeoise et l'ambiguïté de ses mines chafouines. Pour certains critiques, si l'on voulait chercher dans un seul de ces rôles la démonstration même de son génie, c'est dans *L'Étrange Monsieur Victor* qu'on la trouverait.

Dans le même temps, l'atmosphère berlinoise se charge des pires relents. Les fêtes de Noël approchent, mais le cœur n'y est pas. Raimu se sent bien seul. Le courrier qu'il adresse à sa femme s'en fait le discret et non moins émouvant écho.

Eden-Hôtel, Berlin.
Mardi, 9 h 30 du matin, départ studio.
Ma chère femme,

J'ai bien dormi. Je voudrais que tu achètes une montre à Paulette pour son Noël.

Quant à toi, va chez Schobb te choisir quelque chose, bague, bracelet ou pendentif.

Pour moi, rien.

Pas de bijoux...

Écris-moi au studio, et n'oublie pas le timbre pour l'étranger.

Je t'embrasse
Jules.

De même écrit-il à Marcel Pagnol, qui s'empresse de lui répondre. Derrière un apparent détachement, on sent percer une profonde inquiétude.

Cher grand Jules,

Merci pour ta lettre.

J'écris, petit à petit et joyeusement, mon scénario de la Belle et la Bête, et Charley s'occupe de rafler Brotonneau, Flers est en croisière...

Dépêche-toi de revenir de Berlin, car ici, on est un peu énervé par les nouvelles de la situation internationale, et on a vraiment peur de la guerre.

Notre Boulanger a obtenu, à Biarritz, un véritable triomphe; j'ai reçu un télégramme enthou-

siaste de Serge Weber, de Biarritz. Tu sais qu'il est très peu porté à l'admiration.

Vincent Scotto est allé là-bas en taxi, et il m'envoie un télégramme par représentation. Sa température augmente à mesure.

Les studios ici sont presque finis. Nous envoyons tous au pauvre exilé notre amitié affectueuse.

Ton vieux
Marcel

P.S. *Méfie-toi du rutabaga.*

Que Marcel se rassure, Jules n'a pas du tout l'intention de s'attarder derrière la ligne Siegfried. Bien au contraire. D'autant qu'il a hâte de voir aboutir le projet de *Monsieur Brotonneau.*

L'idée de départ pour *Monsieur Brotonneau* est celle de Raimu. Et elle le restera jusqu'au bout. Cette idée, il l'a soufflée à Pagnol parce que celui-ci ne veut décidément pas mettre en chantier *Le Roi de Bandol* qu'il lui avait promis.

A force d'insistance, il a obtenu que Marcel achète les droits cinématographiques de cette pièce de Flers et Caillavet, mais aussi qu'il en signe les dialogues et l'adaptation à l'écran.

Le tournage est prévu pour débuter dès le commencement de l'année 1939, dans les studios des Films Marcel Pagnol, rue Jean-Mermoz à Marseille. Pagnol le confirme à Raimu :

Mon cher Jules,

Ainsi qu'il avait été convenu au moment de l'annulation du Roi de Bandol, — annulation que tu as très amicalement acceptée sans indemnité — je t'offre, à la place de ce film, de tourner Monsieur Brotonneau.

Les prises de vues commenceraient à Marseille le mardi 3 janvier. Tu recevras une somme de 400000 francs, et tu seras à la disposition de la production pendant [blanc] semaines. Pour toutes les autres conditions nous nous reportons, d'un commun accord, à notre contrat de la Femme du Boulanger.

Bien affectueusement à toi,

Le Directeur Général,
Marcel Pagnol.

Tout paraît donc se présenter pour le mieux. Toutefois, aux yeux de Raimu, Pagnol consacre beaucoup trop de temps à sa nouvelle conquête, Josette Day. Et pas assez pour la préparation du film.

A quelques jours du tournage, Raimu finit par piquer un véritable coup de sang.

— On ne peut pas faire un film dans ces conditions-là, déclare-t-il à son agent Paul Olivier. Tu vas dire à Marcel que je ne veux pas de lui comme metteur en scène. C'est lui ou moi, tu entends ?

L'ambassade de Paul Olivier est pour le moins délicate. Il s'en acquitte néanmoins avec beaucoup de tact, parvenant à convaincre Pagnol du bien-fondé de la réclamation de Raimu.

— Entendu, fait Pagnol. Je ne serai pas metteur en scène. Mais alors, que Jules se débrouille pour me trouver un remplaçant. Et vite, car le studio est réservé pour la semaine prochaine !

Trouver un metteur en scène digne de ce nom en

quatre ou cinq jours, et libre comme l'air de surcroît, paraît une gageure. Cet oiseau rare, Raimu le déniche en prenant l'apéritif au *Fouquet's*. C'est Alexandre Esway, un réalisateur d'origine hongroise.

Le soir même, Olivier se charge d'avertir Pagnol; lequel ne fait aucune difficulté. Mais, deux jours plus tard, Raimu reçoit de Pagnol la lettre suivante :

Mon cher Jules,

Je suis entièrement d'accord avec toi pour prendre Esway, qui est un bon metteur en scène. Je ne sais si ce Hongrois comprendra parfaitement le sens et les intentions de MM. Flers et Caillavet, auteurs français par excellence. Je l'espère et je le souhaite. Après tout, il a fort bien fait Éducation de Prince. *J'espère qu'il fera aussi bien Monsieur Brotonneau.*

Maintenant, laisse-moi te dire que tes inquiétudes, tes récriminations et tes exigences me surprennent. Quand on a fait, ensemble, La Femme du Boulanger *et* César, *qui ne sont pas si mal que ça, je me demande pourquoi tu exiges, cette fois, un "vrai" metteur en scène. Il est d'ailleurs évident qu'Angèle, César et le Boulanger ne sont pas de "vrais" films. Tu as l'air de tenir beaucoup à ce que Monsieur Brotonneau soit un "vrai" film, comme* Les Nouveaux Riches, *par exemple, ou comme* Retour à l'aube *et* Le Dernier Milliardaire, *mais je crains, malgré tout, que tu n'y réussisses.*

Seulement, je te précise ceci. Je refuse absolument de collaborer, même une minute, avec qui que ce soit. L'idée même que l'on puisse penser à me faire collaborer avec quelqu'un est blessante et injurieuse. J'ai écrit pas mal de pièces qui ont fait le tour du monde. L'idée de m'accoupler avec n'importe qui, même avec un Hongrois, est absurde et grotesque, et ne pourrait germer que dans le cerveau d'un con. C'est pourquoi je pense que tu ne l'as pas eue. Donc, si tu veux, tu tourneras Brotonneau *avec Esway et j'espère que ce sera bien. Mais mon nom ne paraîtra en aucun cas sur l'affiche, pas plus que je ne paraîtrai moi-même sur le plateau. N'oublie pas cependant qu'en consentant à le mettre en scène, c'est un grand honneur que je te faisais, puisque j'abandonnais les œuvres que j'ai à écrire, pour m'occuper de toi et d'un film qui ne peut m'apporter aucune gloire et qui risque, surtout, de me faire engueuler. Je suis donc ravi de ce dénouement qui me décharge d'un travail et d'une responsabilité que j'avais eu la sottise de prendre. Si tu fais un grand film de plus, je serai le premier à en être joyeux. Si tu fais un navet de plus, j'aurai au moins la consolation de n'y être pour rien.*

Bien affectueusement à toi,
Marcel Pagnol.

Et, comme prévu, le tournage de *Monsieur Brotonneau* s'effectue sous la direction d'Alexandre Esway... Tout de sombre vêtu, cravate grise sur chemise blanche à col cassé et manchettes impeccables, Raimu est un banquier plus vrai que naturc. Un brave homme, uniquement préoccupé de son travail de fondé de pouvoir et du bonheur de sa femme. Son univers s'écroule quand il découvre qu'elle le trompe.

Il la jette dehors au terme d'une colère strictement raimusienne, refait sa vie avec sa jeune secrétaire qui l'adore. Lorsque sa femme, délaissée par son amant, revient au foyer conjugal, il l'accueille par compassion. Loin de mesurer les conséquences de son geste, source de scandale parmi les bien-pensants, nombreux dans le personnel de la banque. Alors, plutôt que de renoncer à son amour pour sa secrétaire tout en gardant sa femme, M. Brotonneau offre sa démission à son directeur, qui l'accepte.

— Un grand rôle pour moi, avait dit Raimu à Pagnol, ce Monsieur Brotonneau ! Peut-être le film de ma vie !

Certainement pas, mais l'acteur s'y surpasse. Encore une fois, il montre combien il détient ce rare privilège de savoir camper un personnage rien qu'à la faveur d'un geste ou d'une intonation, de jeux de physionomie aussi variés, aussi rapidement changeants que les modulations de la voix.

Tous ses effets, Raimu les tire avant tout de lui-même, de la richesse de sa personnalité.

— On ne le regardait pas jouer, dira Renée Saint-Cyr, on le regardait vivre. Sa sobriété, sa pudeur dans l'émotion étaient bouleversantes. Il avait le pouvoir de vous désespérer et, dans la même seconde, de vous faire éclater de rire. Aucun travail, aucun effort n'était sensible.

Étrange contradiction, pourtant, pendant ce tournage à Marseille. Tout en s'y donnant avec sa conscience professionnelle habituelle, Raimu ne cesse de récriminer. Et, la mauvaise humeur aidant, il croit de moins en moins au succès du film, regrette même d'y participer. Du moins, si l'on en croit sa lettre adressée à Esther.

Ma chère femme,

J'ai reçu la valise, tu t'es trompée pour le pardessus bleu. Ça ne fait rien, grande fadade!

Si tu savais, ma chérie, ce que je peux avoir le cafard, ici. D'abord je me remets mal et très lentement de ma grippe. Ensuite l'ambiance de ce film m'embête, je donnerais très cher pour en avoir fini réellement. Encore une belle couillonnade que j'ai faite de jouer une chose pareille. Tu ne peux pas savoir à quel point je suis dégoûté. Hier au soir, j'ai eu une attrapade avec Pagnol et je te jure que je lui ai dit ses quatre vérités. Il est vrai que j'en ai entendu autant.

Mais tout cela est de sa faute, Charley et le metteur en scène le lui ont dit. Il ne travaille plus, ne s'occupe pas du dialogue qui est vieillot et embêtant. Enfin, nous courons à un désastre sûr. En ce moment, j'ai des névralgies terribles dans la tête et le cou. Il est vrai que depuis deux jours, il fait un temps horrible.

Embrasse grand-mère et Paulette.

Mille baisers de ton mari Jules.

Puis, Raimu se plaint auprès de Paul Olivier.

Nous, ici, nous continuons dans la pagaille. Marcel, lui, change tous les jours de costume. Il se fait couper les cheveux et se fait faire les ongles tous les jours. Il est amoureux et va se marier, je crois, avec mademoiselle Josette Day. Beau cou-

ple. Sûrement de beaux enfants. Amitiés à Michèle.

Affectueusement à toi.
Raimu.

Mais après tout, *Monsieur Brotonneau,* sans atteindre la classe de *La Femme du boulanger* ou de *L'Étrange Monsieur Victor,* ne sera pas un si mauvais film que Raimu doive en rougir.

Certes, cette brouille de plus entre Pagnol et Raimu aura desservi un film qui aurait pu être bien meilleur. A leurs yeux, seul compte le fait qu'ils seront bientôt réconciliés.

Cette alternance de fâcheries, de querelles d'amoureux ont dit certains, et de réconciliations marque des relations de vingt ans ; elle reflète les exigences d'une amitié profonde fondée sur une admiration réciproque. Les deux monstres sacrés ne se pardonnent rien. Une défaillance de l'un, et toute l'estime de l'autre s'envole — pour un moment. Pagnol et Raimu vivent côte à côte pour réussir des chefs-d'œuvre, le premier écrivant pour le second en fonction de son tempérament, et attendant en conséquence d'être servi magistralement.

— Marcel fait partie des meubles, répète Jules en riant.

Et c'est vrai. Ce qui n'implique nullement un rapprochement entre deux personnalités tout à fait différentes. Cultivé, brillant, « faux rieur et saltimbanque » selon sa propre expression, Pagnol entretient des intérêts relevés, parallèlement à son art. Amoureux de mécanique, il construit une « Topazette », voiture à trois roues et à trois temps ; un peu sourcier, armé d'un pendule ou d'une baguette, il pratique la radiesthésie. Il se penche aussi sur la généalogie des grandes familles.

Et Jules ? Inculte. « D'une ignorance encyclopédique », selon son ami Paul Olivier. Vulnérable, susceptible, timide sous des airs bourrus et un tempérament coléreux, il nourrit des préoccupations beaucoup plus terre à terre. Madré et roué en affaires, il est surtout occupé de confort matériel, de l'agencement de son appartement parisien ou de sa maison de vacances.

Entre les deux hommes, pourtant, un point commun en dehors de leur passion pour le théâtre et le cinéma : le sens de l'humour. Raimu, certes, l'exprime moins bien que son ami. Mais, à l'inverse, rien ne lui échappe de l'humour de Pagnol qui peut lui adresser ce genre de lettre savoureuse :

Mon vieux Jules,

Tu me demandes de te rendre officiellement ta signature. Je te la rends, sans aucune réserve, et de plus je te rends mon amitié, que tu avais perdue pendant plus d'une heure. Je ne te rends pas mon admiration, que tu as toujours eue pleine et entière.

Bon.

Maintenant que je t'ai rendu ta signature, je te la redemande. Charles t'apporte un contrat. Fais bien attention que si tu le signes, tu aurais tort de le déchirer au restaurant. Parce que cette fois-là, nous serons fâchés pour cinq ou six heures. Et si nous continuons à signer et à déchirer, nous finirons par être fâchés pour une semaine, ce qui

est grave, parce qu'il est fâcheux d'être fâchés.
Affectueusement
Marcel Pagnol.

L'admiration vouée par Raimu à Pagnol ne l'empêche pas de le traiter de paresseux, tandis que Pagnol le traite de menteur :

— Raimu est encore plus menteur que moi. Quand je mens et qu'il sait que je mens, il fait comme s'il me croyait.

Les « querelles d'Allemand », c'est plutôt le fait de Jules qui « cherche » son complice de façon souvent puérile. C'est ainsi que, par un beau soir d'été, les deux amis sont installés autour d'une table, sur la terrasse de « Ker-Mocotte », la maison de Raimu à Bandol. Le comédien, rêveur, contemple le ciel étoilé tandis que l'auteur, sourcils froncés, s'acharne à écrire une scène difficile. Raimu l'interrompt brusquement :

— Dis Marcel, est-ce que tu sais, toi, combien il y a d'étoiles dans le ciel ?

— Hein ? Je ne sais pas, moi...

— Tu n'as pas bien compris ma question : je te demande combien il y a d'étoiles dans le ciel.

— Écoute, Jules, laisse-moi travailler. Des étoiles dans le ciel, il y en a beaucoup.

— Oui, mais je te demande combien.

— Écoute, Jules, tu m'emmerdes. Des étoiles il y en a beaucoup, mais je ne sais pas combien !

— Et voilà ! Môssieur est professeur, et Môssieur ne sait pas combien d'étoiles il y a dans le ciel !

Exaspéré, Pagnol se lève et s'enfuit, ses feuilles sous le bras, tandis qu'éclate le rire sarcastique de

Jules, enchanté d'avoir sorti son compère de ses gonds.

Le 1er avril 1939 paraît dans *Cinémonde* un article intitulé : « Candidat de la dernière heure, Raimu est élu président de la République. »

> *Dans un suprême et admirable sursaut de dignité,* peut-on lire, *les parlementaires français réunis à Versailles viennent de rendre au cinéma français un hommage éclatant et mérité. En portant à la Présidence de la République l'homme que Marcel Pagnol a qualifié "de plus grand acteur du monde", l'Assemblée nationale s'est en quelque sorte régénérée. La preuve est désormais faite que les petites questions de boutique, les querelles démagogiques, les frictions partisanes n'existent plus dès qu'un homme se lève pour cristalliser les énergies, animer les sentiments, réchauffer les cœurs et glacer l'apéritif.*
>
> *Raimu est à l'Élysée, la patrie est sauvée! La veille du scrutin, un mystérieux visiteur avait rendu visite au président sortant, M. Albert Lebrun. Reçu avec bonne grâce, l'inconnu se signale par un fort accent méridional et un goût très vif du cigare. Au moment de prendre congé, on l'entendit murmurer:*
>
> *— Ce sera mon plus beau rôle.*
>
> *Le lendemain, tandis que députés et sénateurs discutaient avec véhémence, M. Jules Muraire, dit Raimu, artiste de cinématographe, se promenait à Versailles et faisait le tour du futur propriétaire.*

— Tiens, tiens! l'entendit-on déclarer. C'est vraiment un beau cabanon!

Coup de théâtre! Le président de l'Assemblée communique une candidature de dernière heure : Raimu. D'abord soutenue par les parlementaires méridionaux, cette candidature remporte vite un fort succès d'estime. Un flot d'histoires marseillaises parcourt l'Assemblée. Des relents d'ail se découvrent à droite et à gauche, l'unanimité est vite faite. Raimu sera "presideing".

Incognito, Raimu arpente le Faubourg Saint-Honoré, admirant le palais de l'Élysée qui va devenir sa résidence habituelle. Ne se tenant plus de joie, il aborde une brave ménagère en lui déclarant :

— Si ça vous fait plaisir, je vous donne le grand cordon!

La passante, affolée, a pris la fuite.

Le premier dîner fut empreint de franche austérité. Sitôt après les hors-d'œuvre, le Président Raimu exigea qu'un second couvert fût mis :

— De temps en temps, j'inviterai Fernandel. Ça le fera bisquer! Parce que ce rôle-là, vaï, il lui faut attendre sept ans pour essayer de l'avoir. Sept ans comme la mule du pape!

Mais à la vérité, on estime que ce couvert est destiné à la future Madame la Présidente.

[...]

Le Ministère ayant remis sa démission, le Président Raimu a immédiatement commencé ses consultations.

Deux heures plus tard, il avait déjà poussé dix-sept colères et était fâché avec les chefs de par-

> *tis. Sans se démonter et avec un sang-froid qui lui fait honneur, le Président du Conseil constituait un "Ministère d'Unité Personnelle" ainsi constitué :*
>
> *Président de l'Oseille : Raimu.*
>
> *Ministre de l'Économie très dirigée : Raimu.*
>
> *Ministre des P.T.T. (PaTati paTata) : Raimu.*
>
> *Ministre de la police marseillaise : Raimu.*
>
> *Ministre de la Petite Guerre et de la marine à voile : Raimu.*
>
> *Ministre de la Rouspétance nationale : Raimu.*
>
> *Ministre des Colonies provençales à l'étranger : Raimu.*
>
> *Ministre des In-cultes : Raimu.*
>
> *Ministre de France à Hollywood : Raimu.*
>
> *Sous-secrétaire d'État au Pastis : Raimu.*
>
> *Toutes les décisions du nouveau ministère ont été prises à l'unanimité. La première de ces décisions tend à faire du 1er avril une journée nationale.*
>
> *C'est en effet à cette date qu'a eu lieu cette élection symbolique ; en conséquence, le poisson traditionnel fera place dans l'avenir à la Sardine qui boucha le port de Marseille.*

Bien évidemment, le tout est illustré de photosmontages du plus bel effet. Une preuve supplémentaire, s'il fallait en chercher, de l'immense popularité de Raimu. Et de la sympathie amusée qu'il suscite.

XV

La conspiration de Marie Bell

Tandis que les menaces de guerre se font de plus en plus précises, Raimu, sans désemparer, continue de tourner. Ainsi reprend-il à l'écran *Noix de coco,* d'après Marcel Achard, dans une réalisation de Jean Boyer. Il a pour partenaire Michel Simon et Marie Bell. Un excellent trio pour un assez médiocre résultat.

Puis il remet ça avec Alexandre Esway dans *L'homme qui cherche la vérité.* Malgré la présence au générique de Tramel, Jacqueline Delubac et Gabrielle Dorziat, ce film ne vaut guère mieux que le précédent.

C'est enfin *Dernière Jeunesse,* un film noir réalisé par Jeff Musso, joué entre autres par Pierre Brasseur, Jacqueline Delubac, Félicien Tramel et l'inévitable petit Maupi. Avec une virtuosité hors pair, Raimu campe un vieux colon rentré en France fortune faite, épais, sans charme, et en proie au démon de midi. Il se prend d'une passion éperdue pour une belle et jeune petite garce qui le trahit avec ses amis, joue avec lui un jeu cruel. Elle le paie de sa vie, puisqu'il finit par l'étrangler avant de se noyer dans un canal.

Dernière Jeunesse ne fera pas une longue carrière. Et pour cause. Le 1er septembre, les armées allemandes envahissent la Pologne. La Grande-Bretagne et la France n'ont plus le choix : le 3 septembre, elles déclarent la guerre au IIIe Reich.

Toutes affaires cessantes, Raimu rejoint Esther et Paulette à Bandol.

Dans sa villégiature varoise forcée, Raimu tourne en rond comme un lion en cage. Il ne sait quoi faire pour tromper son ennui.

Que Raimu puisse s'ennuyer alors que la France a mobilisé ses forces vives dans la perspective d'un affrontement militaire n'est pas seulement le fait d'un certain égoïsme. Il faut bien reconnaître que cette « drôle de guerre » ennuie tout le pays, réduit à l'inaction à l'arrière comme sur le front.

Car les armées ennemies, loin d'en découdre, se contentent de s'observer et de camper sur leurs positions respectives.

Par le fait de la mobilisation générale, la plupart des tournages sont interrompus. Acteurs ou pas, tous les jeunes hommes ont été rappelés sous les drapeaux. Même Fernandel qui, lorsque vient son tour de garde à l'entrée de sa caserne, provoque d'énormes attroupements... L'uniforme d'Ignace lui va si bien...

Marcel Pagnol tente de lui obtenir un congé exceptionnel ; il met en effet la dernière main au scénario d'un film qu'il a en projet avec Raimu, *La Fille du puisatier*.

Début 1940, il adresse à son vieux complice la lettre suivante :

Mon cher Jules,

[...]

Quand passeras-tu par Marseille ? Si tu ne viens pas dîner à la maison, tu ne seras pas honnête.

J'ai terminé la Prière aux Étoiles, *mais le dialogue a 350 pages tapées : il faudra que j'en coupe la moitié. Je travaille à deux autres films, qui sont presque achevés :* Le Premier Amour, *et le* Petit Ange. *J'aurai fini le tout vers le 15 février, et j'essaierai alors de terminer la* Fille du Puisatier, *et un autre film commencé depuis longtemps :* La Belle et la Bête. *Pour ce qui est de tourner en ce moment, je n'en ai pas le courage. La guerre me fout le cafard.*

Corbessas, qui a 45 ans, a été prêté par l'armée aux films Pagnol, il a rejoint hier la rue Fortuny.

René est à Martigues, Plumet est au 3e bureau de l'État-Major. Toé est à Nîmes, artilleur, Darley est fantassin, Bourrely et Clément sont au front dans le génie, Jeannot et Bousquet sont matelots à Toulon, François et Bébert sont au front dans les tringlots, etc... J'ai plus de quarante hommes à l'armée, il ne me reste plus que les vieillards : Boyer, Assouad et moi. Charley, Held et Rossi vont passer devant le conseil de réforme.

Josette me donne les mêmes soucis qu'une enfant : elle fait ses dents de sagesse, et il faut que je la conduise par la main chez le dentiste, car elle refuse de me quitter cinq minutes... Il y a eu un an au début du mois que nous sommes partis

ensemble pour ne plus nous séparer. Il me semble qu'il y a quinze jours.
Arrête-toi ici en passant.

Affectueusement.
Marcel Pagnol.

Dès lors qu'ils n'évoluent pas sur le même plateau, Marcel Pagnol et Raimu se comportent comme les meilleurs amis du monde. De touchants témoignages de leur affectueuse complicité subsistent. Ainsi de cette missive en date du 6 février 1940, où Marcel prend Jules à témoin de son bonheur en amour :

Jules,
Non, je ne peux pas aller à Nice avec Josette, parce que je travaille, et que j'ai peur de rompre le charme si je quitte cette maison. Je veux terminer mes cinq films, nous verrons après.
En général, je m'assois tôt à ma table de travail, et j'écris des scènes. Josette est assise par terre, elle passe un bras autour de ma jambe, et elle s'y tient fortement. De l'autre main, elle feuillette son livre d'anglais, et elle apprend ses leçons : elle a d'ailleurs fait de tels progrès qu'elle est en état, dès maintenant, de jouer un rôle en anglais, d'une façon plus que correcte.
Puis, je lui lis ce que j'ai écrit ; elle le tape à la machine, car elle s'est fait couper les ongles à ras pour copier elle-même mes manuscrits, que personne ne doit toucher. Ensuite, il nous arrive d'aller au cinéma avant de nous coucher.
Tout cela est enrichi de comédies, de querelles et de singeries. Hier, brusquement, elle se lève et

va s'asseoir dans un fauteuil. Ses joues se creusent, ses yeux se ferment à demi, elle pousse un soupir discret mais prolongé.

— Qu'est-ce que tu as ?

— Je suis désespérée.

Et en effet, ses yeux sont humides.

— Mais, ma chérie, pourquoi es-tu désespérée ? Est-ce que j'ai dit, sans le vouloir, une parole blessante ?

— Non.

— Dis-moi ce que c'est, ne me cache rien...

— Je ne t'ai jamais rien caché, mon chéri, rien, absolument rien...

— Alors, pourquoi es-tu désespérée ?

J'attends la réponse et je suis déjà désespéré moi-même.

Elle lève enfin la tête, et elle dit :

— Je suis désespérée parce que ça me va bien.

Je dois te paraître bien enfantin, mon vieux Jules, de passer mon temps à de pareils amusements, et d'en perdre encore davantage à te les écrire. Mais la rencontre de Josette a été l'événement le plus important de ma vie. Elle m'a sauvé du Pernod, et de la Fine, et du Vieux Marc. Elle m'a conduit par la main chez les tailleurs et les marchands de cravates ; et puis, surtout, elle a cru tout naïvement que j'avais du génie : si j'en ai un jour, je le lui devrai.

Je t'embrasse.

Marcel.

Et c'est pour tout ça que je reste ici.

Amitié mise à part, et guerre ou pas, les affaires

sont les affaires : celles-ci semblent reprendre un cours presque normal, du moins dans l'industrie du cinéma. Raimu joue au Capitole, dans une revue intitulée *C'est tout le Midi,* quand Marcel Pagnol lui apprend qu'il a obtenu que Fernandel soit provisoirement libéré de ses obligations militaires. Sa permission de longue durée permet au tournage de *La Fille du puisatier* de débuter le 20 mai.

La villégiature forcée de Raimu à Bandol sera le théâtre d'un étonnant épisode de sa vie. Et, de surcroît, fort peu connu. Raimu y reçoit en effet la visite d'un certain Gilbert Guillaume. Cet homme travaille à la direction des « Travaux ruraux ». Un organisme fictif qui sert de couverture au contre-espionnage français, reconstitué clandestinement après l'invasion allemande.

Avant le départ de Gilbert Guillaume pour la Côte d'Azur, le capitaine Guimard (de son vrai nom Georges Henry) convoque son agent des Travaux ruraux. Il lui donne une mission surprenante : recruter Raimu comme « honorable correspondant ». Guimard dispose d'informations selon lesquelles le comédien pourrait être sollicité par une firme cinématographique allemande, la UFA. Pour tourner en France et très probablement en Allemagne. Au sein du service de renseignement, on considère que ce contact serait alors fort utile.

Gilbert Guillaume sait que Raimu est d'un abord difficile. Il connaît, comme beaucoup, la réputation de l'acteur pour son mauvais caractère. Aussi, avec l'habituelle rigueur des agents de renseignement, Gilbert Guillaume commence-t-il par étudier le passé et la carrière de Raimu. De son propre aveu, il souhaite « que la conversation commence par flatter la vanité bien connue chez les monstres sacrés ». Mais Gilbert Guillaume sera finalement surpris par l'extrême facilité du contact : « Nos rapports furent sympathiques et il me donna son accord de principe pour une collaboration éventuelle. » A l'évidence, même auprès de Raimu, les services du contre-espionnage avaient conservé prestige et mystère.

Au cours de ses passages dans la région, Gilbert Guillaume revit Raimu pendant plusieurs mois. Mais c'est surtout en 1944 que l'affaire rebondit. Et très précisément le 25 août 1944.

Ce jour-là, entouré de Georges Bidault et de quelques membres du Conseil national de la Résistance, le général de Gaulle descend à pied l'avenue des Champs-Élysées. Gilbert Guillaume n'a pas voulu rater l'événement. Juché sur une chaise, il s'est replié au *Fouquet's* pour assister à cette scène historique. L'enthousiasme des consommateurs est à son comble. Et là, alors que tous fêtent joyeusement la Libération de Paris, Gilbert Guillaume tombe nez à nez avec Raimu.

Les retrouvailles sont chaleureuses. Et l'agent du contre-espionnage raconte qu'il ne comprend pas bien, sur le moment, que Raimu fasse preuve « de tant de sollicitude » à son égard. Pendant plusieurs jours, Raimu invite Gilbert Guillaume au *Fouquet's* en fin de journée. Le comédien lui présente bon nombre de ses amis. Bref, Raimu fait tout pour que l'on sache qui est Gilbert Guillaume et, surtout, pour qu'on les voie le plus souvent possible ensemble.

La raison en est fort simple. Des comités d'épuration du spectacle se sont formés. Et de nombreux artistes font l'objet d'une attention toute particulière. Aussi, à la demande de Raimu, Gilbert Guillaume doit délivrer un papier attestant que le comédien était en rapport avec la Résistance.

Raimu ne veut pas avoir à partager la tête d'affiche. C'est pourquoi son contrat, établi en date du 26 mars 1940, stipule expressément qu'il aura « dans toute la publicité, quelle qu'elle soit, la première vedette du film, avant M. Fernandel ».

Éclatante réussite que *La Fille du puisatier,* tourné aux heures sombres de mai 1940, alors que l'offensive allemande a été déclenchée.

En un mois et demi de temps, la défaite est consommée. Le 22 juin, à Rethondes, le maréchal Pétain signe l'armistice avec Adolf Hitler.

Sacrifiant aux nécessités du moment, le film de Pagnol intégrera une scène où l'on entend « l'homme providentiel » prononcer un discours retransmis par la TSF. Lorsque le film reparaîtra après la guerre, la voix du Maréchal sera remplacée par celle de son ancien aide de camp... le général de Gaulle.

Durant les années noires de l'occupation, le cinéma français va connaître une étonnante activité. Surtout dans la zone sud. Quelques-uns des plus grands chefs-d'œuvre de l'écran seront même tournés : par exemple *Les Visiteurs du soir* et *Les Enfants du Paradis*.

En 1941, Raimu apparaît dans *Le Duel*, un film réalisé par Pierre Fresnay qui fait ses débuts sans lendemain de metteur en scène. Entre Fresnay, Yvonne Printemps et Raymond Rouleau, il campe un impressionnant missionnaire aux cheveux et à la barbe de neige, impénitent fumeur de pipe. Un de ses frères en religion, le père Maurey, file un mauvais coton : il est amoureux de la fiancée de son frère, le docteur Pierre Maurey. Grâce à Dieu et aux soins très subtils du père blanc (Raimu), le père Maurey détourne son regard de la jeune femme et le replonge dans le sein du Seigneur.

Raimu tourne aussi dans *Parade en sept nuits*, un film de Marc Allégret avec Jules Berry, André Lefaur, Jean-Louis Barrault, Victor Boucher, Micheline Presle et Elvire Popesco. Dans ce film à sketches, bien moyen malgré la qualité de la distribution, mais tourné en 1939 dans les pires conditions, Raimu incarne encore un ecclésiastique. Un truculent curé de campagne provençal, style don Camillo, à l'écoute indulgente des turpitudes de ce bas monde.

L'année 1942 est plus prolifique : il entreprend successivement *Les Petits Riens, Le Bienfaiteur, Les Inconnus dans la maison, L'Arlésienne* (« Le metteur en scène est parisien, dit Raimu à propos de Marc Allégret, l'adaptateur est lyonnais [Marcel Achard], et moi je suis de Toulon. Ce n'est pas *L'Arlésienne* qu'il fallait appeler ce film, mais Paris-Lyon-Méditerranée ! »).

Les services de propagande de l'occupant font le siège de Raimu, le pressant de tourner des films à la gloire de l'ordre nouveau. Raimu s'en tire en signant contrat sur contrat, bloquant ainsi son emploi du temps.

Il tourne alors *Monsieur La Souris*. Inoubliable. Un grand film, œuvre de Georges Lacombe d'après le roman de Georges Simenon et adapté par Marcel

Achard. Raimu donne vie à un superbe clochard, camelot et vendeur de journaux; parfois ouvreur de portières de voitures devant un cabaret de nuit. En ouvrant l'une d'elles, son chapeau sans forme ni couleur à la main, il réceptionne le cadavre chaud d'un banquier assassiné, et son portefeuille bien garni. Il le rapporte au commissariat, lui, le pauvre hère, se mêle à l'enquête et permet l'arrestation du criminel.

Une fois encore, la diversité du jeu de l'acteur et sa richesse d'expressions font merveille. Elles communiquent à l'invraisemblable clochard une vie et une crédibilité stupéfiante. Un tour de force, salué par Simenon : *Avec Monsieur La Souris, Raimu a démontré que le cinéma était le vrai mode d'expression de son énorme, pantelante, fulgurante humanité.*

Ces dons taquinant le génie, on les retrouve peu après dans *Le Colonel Chabert,* adapté du roman de Balzac par Pierre Benoît, de l'Académie française. Entouré de Jacques Charron, d'Aimé Clariond et surtout de la grande Marie Bell, Raimu s'identifie à ce vieux soldat de Napoléon, laissé pour mort sur le champ de bataille d'Eylau le 7 février 1807. Rejeté par sa femme, remariée quand il la retrouve dix ans plus tard, privé de ses biens, réduit à la misère, le héros spolié finit sa vie à l'hospice des pauvres en compagnie de quelques-uns de ses camarades d'épopée. Refusant même d'en sortir et de retrouver une riche existence lorsque ses droits sont enfin reconnus. Sobre et pathétique, Raimu au regard voilé de désespérance. Tendre et violent, il fait monter les larmes aux yeux quand, las, il dit aux « beaux messieurs » venus le chercher dans son asile : « Je ne suis plus le colonel Chabert. Je suis le numéro 164, septième salle. »

Marie Bell est une femme épanouie. Elle fut la partenaire de Raimu dans *Un carnet de bal, Noix de coco*, et principalement dans *Le Colonel Chabert* qu'ils viennent de terminer.

Raimu se prend d'affection pour elle. Et l'actrice le lui rend bien. Se console-t-il de ses déboires conjugaux ? Mystère... Mais, à l'évidence, Esther ne sait pas toujours résister aux soudaines déclarations de ses courtisans. Car Mme Raimu a su rester séduisante. Et puis, les vingt-deux années qui les séparent semblent peser davantage sur leur relation à mesure que le temps avance. La fille de Raimu résume la situation : « Papa avait choisi l'amour du cinéma, il dédaigna le cinéma de l'amour. » Alors Esther, à l'approche de la quarantaine, cherche la douce tendresse romantique dans l'éclat de bonheurs fugitifs.

Quoi qu'il en soit, la colonelle Chabert (Marie Bell) a décidé que Raimu doit entrer à la Comédie-Française. Elle y songe déjà depuis un bon moment, mais le projet de la sociétaire du Français prend maintenant une dimension nouvelle. Jusqu'ici, Raimu avait écarté une pareille éventualité. Mais les rencontres quotidiennes des deux comédiens, pendant le tournage du *Colonel Chabert*, permettent à Marie Bell d'insister de nouveau. Malgré tout, Raimu hésite encore. Il trouve qu'il n'a guère le profil de l'emploi. De fait, il n'est pas le pur produit du Conservatoire, mais celui des Concerts Mayol.

D'un autre côté, à soixante ans, en pleine apogée de sa carrière, quelle extraordinaire apothéose !

Quelle incroyable revanche pour le tourlourou des caf'conc' de quartier !

Raimu finit par céder aux instances de la charmante Marie Bell. Il comprend que ce fleuron d'une carrière théâtrale, jouer Molière en sa propre Maison, manque à sa gloire. Ou, peut-être beaucoup plus simplement, à son expérience d'acteur.

Aussi Marie Bell se charge-t-elle d'intercéder en sa faveur auprès de Jean-Louis Vaudoyer, alors administrateur de la Comédie-Française. Elle sait qu'elle va se heurter au clan des conservateurs, hostiles à ce comédien venu des guinguettes toulonnaises et du Boulevard. Mais Marie Bell est une avocate convaincante et Jean-Louis Vaudoyer lui donne carte blanche.

— Voilà, annonce un jour Raimu à son agent et ami Paul Olivier, Marie Bell a emporté le morceau !

Tout doit se régler la semaine suivante au cours d'un dîner avec la comédienne et l'administrateur du Français

— Alors, tu es comblé ?

— Non. Je me tâte, réplique Raimu.

Olivier lui conseille de ne pas se tâter trop longtemps. Et l'assure qu'il a tout à fait sa place à la Comédie-Française.

— Sans doute, sans doute, fait Raimu, songeur. Mais, imagine qu'un jour on me dise : « Monsieur Raimu, vous allez jouer Polyeucte. » Tu me vois dans Corneille ? Je ne suis pas un tragédien, moi ! Alors qu'est-ce que je répondrai ?

— Que tu ne le joues pas.

— Bon, mais alors il faut que ce soit mentionné dans le contrat : pas de Polyeucte !

Le contrat... La terreur de Raimu à la veille de

signer son engagement. Et une terreur assez justifiée quand on connaît les exigences de la Comédie-Française, à cette époque, vis-à-vis des nouveaux pensionnaires. Draconiennes. Il suffit de parcourir les clauses du contrat-type pour le mesurer. Il est, entre autres, stipulé : « Le pensionnaire devra accepter tous les rôles qui pourront lui être proposés dans la tragédie, la comédie ou le drame. Il devra paraître dans toute cérémonie lorsqu'il en sera requis. Il devra suivre la Comédie-Française partout où il lui plairait de le faire jouer — même sur deux scènes le même jour. »

Informé de ces clauses redoutables et stupéfait que même la grande Sarah Bernhardt les ait acceptées, Jules Raimu rend visite à l'administrateur du Français, Jean-Louis Vaudoyer. Il lui fait part de ses inquiétudes. Face à l'attitude aimable de ce dernier, César s'enhardit, extirpe de sa poche le contrat — deux feuillets dactylographiés — qu'il a lui-même rédigé et le lui tend. Trois minutes d'un silence de plomb. Vaudoyer relève la tête. Il sourit :

— C'est entendu, monsieur Raimu. Nous ferons selon vos désirs.

— Mais...

— Selon vos désirs. A lundi prochain, monsieur Raimu, pour la signature.

Il n'en revient pas ! « Même Sarah Bernhardt... » Et le voici tout à fait rassuré puisque Vaudoyer souscrit à la clause essentielle de son contrat : « Les œuvres que Monsieur Raimu aurait à interpréter sur la scène du Théâtre-Français seront arrêtées d'un commun accord. »

Unique en son genre, sans exemple dans les annales de la Comédie-Française, cette clause permet à Raimu de n'avoir aucun problème avec le répertoire. Mais, à la réflexion, il est improbable que Raimu se soit vu imposer des rôles de tragédien alors que ce répertoire dispose de pièces comiques et à sa mesure : Isidore Lechat dans *Les Affaires* de Mirbeau, *Le Roi*, sans parler des grands classiques de Molière.

Le voici donc rasséréné, et si confiant qu'il ne s'attarde guère sur les conditions financières de son engagement, lui d'habitude si près de ses sous. Des conditions pourtant bien modestes, puisque sa rémunération mensuelle n'équivaut même pas au cachet quotidien qu'il obtiendrait dans un théâtre de boulevard ! Mais l'acteur ne considère pas son entrée chez Molière comme une affaire d'argent, mais de prestige.

Il savoure la venue de ce lundi 13 septembre 1943. Le grand jour de sa vie.

XVI
Le tourlourou chez Molière

C'est à 16 h 30 exactement que Paul Olivier, l'agent et l'ami de Raimu, sonne à la porte du quatrième étage, 17, rue Washington. Il trouve le comédien en pleine forme, épanoui, vêtu avec une élégance recherchée. Il porte beau, Jules-Auguste-César; il a fière allure dans son complet de flanelle gris foncé, sa chemise d'une blancheur éblouissante égayée de ce large nœud papillon à pois qu'il affectionne tant.

— Superbe! Jules, tu es superbe! s'exclame Olivier, admiratif.

Coiffé de son feutre mou de Gilles et armé de son éternel parapluie, Raimu précède son ami fort étonné de voir l'acteur ignorer, dans la rue, sa longue limousine noire et les taxis en maraude. Comme deux modestes employés se rendant à leur bureau, les deux hommes prennent le métro, à George V. Court trajet. Et, lorsqu'ils émergent de la station Palais-Royal, entourés d'une petite foule joyeuse qui a reconnu le comédien, c'est l'assaut d'une nuée de photographes de presse. Paul Olivier se détache de son compagnon qui pose complaisamment, souriant. Il avance, encerclé par la meute, et parvenu sur les marches de l'entrée du Théâtre-Français, se retourne et lance, sur un ton faussement dramatique :

— Attention, messieurs ! Rien n'est encore signé !

Suivi de son ami Paul Olivier, Raimu gravit lestement le fameux escalier des bustes conduisant au premier étage, celui de l'administration. Débonnaire, il salue le chef des huissiers, Émile Girard, le prie de l'annoncer et s'assied sur la banquette de cuir noir réservée aux visiteurs, sous le portrait de Rachel. Il ne fait pas longuement antichambre ; à peine le temps de saluer Jean Cocteau. Le poète sort de la répétition de *Renaud et Armide*[1], cette somptueuse tragédie inspirée de *La Jérusalem délivrée* du génial Torquato Tasso (Le Tasse).

L'écrivain et le comédien, qui se connaissent, se serrent chaleureusement la main ; Cocteau se lance dans des compliments que Jules trouve excessifs :

— Vous me faites beaucoup d'honneur, vraiment...

Cette brève et amicale rencontre, le père d'*Orphée* la relate dans la revue *Comœdia* datée du 23 septembre 1943 :

> *Monsieur Raimu, après avoir sans cesse prouvé son génie, nous prouve son intelligence. Que manquait-il à sa gloire ? Jouer Molière. Où ? Dans sa maison.*
>
> *Escorté de photographes, Monsieur Raimu, en costume gris, son feutre de Gilles sur la tête, gravissait l'escalier où les bustes montent la garde.*

1. Pièce présentée au Français en 1943.

Il était cinq heures. A cinq heures trente, il signait son engagement.

J'ai donc eu la chance de pouvoir lui souhaiter la bienvenue et de l'entendre me répondre : "N'exagérons rien, je ne suis pas Mounet-Sully[1]*."*

[...] Après avoir gravi les marches, Monsieur Raimu se reposait sur la banquette, sous le grand portrait de Rachel, drapé de rouge. Certes, il n'avait rien de Mounet-Sully, ni la frange, ni la narine palpitante, ni l'œil glauque, ni la barbe blanche, ni la cravate lavallière, ni la redingote. Et même il ressemblait à un enfant craintif à la porte du proviseur. Car son autorité prodigieuse manquerait de charme s'il ne s'y mêlait cette grâce sournoise des enfants qui boudent.

Il n'y a que les fantômes de Trézènes, de Thèbes ou d'Elseneur, ceux des Espagnes de Victor Hugo ou de Corneille qui rôdent dans cette maison hantée, à la recherche de quelqu'un qui les incarne et leur permette de vivre aux lumières. D'autres fantômes illustres s'y bousculent, en quête d'un homme capable de leur rendre la vie qu'ils méritent. Et ce sont ces fantômes, qui vont de M. Jourdain à Boubouroche en passant par Bazile, qui se pressent en foule autour de la banquette où se repose Monsieur Raimu.

C'en est fait. Madame Marie Bell l'entraîne. Il pénètre, à sa suite, sous les arcades de son théâtre de marbre et d'or.

C'est pourquoi, prisonnier d'Armide, Monsieur

1. Acteur français (1841-1916) qui s'illustra dans les grands rôles tragiques du répertoire de la Comédie-Française.

Raimu se trouve, le 13 septembre 1943, sur cette banquette où j'essaie de vous le dépeindre. C'est pourquoi il se lève, se dirige vers le cabinet de l'Administrateur et marche, endormi par un charme, environné des fantômes du répertoire.

A peine Cocteau a-t-il disparu que le chef huissier se manifeste et lance, solennel :

— Monsieur Raimu, M. l'Administrateur vous attend !

Dans le bureau lambrissé de chêne, où trône le portrait de Molière, ils sont trois à l'accueillir : Jean-Louis Vaudoyer, grand et sec, visage mince, chevelure sombre plaquée en arrière, vêtu d'un complet gris foncé; l'éblouissante Marie Bell, la marraine, coiffée d'un immense chapeau piqué d'un grand nœud blanc; et le doyen du Théâtre-Français, André Brunot, tout en rondeur, en costume à carreaux.

Poignées de main, sourires, embrassades. Échange des signatures. Lorsque Raimu, serein, paraphe son contrat, ses trois amis se tiennent debout, derrière lui. Après quoi, Jean-Louis Vaudoyer prononce quelques mots de bienvenue :

En accueillant Monsieur Raimu dans notre compagnie, ce n'est pas un honneur que nous pensons lui faire. Nous tenons à lui dire que c'est au contraire un honneur que notre Maison se fait à elle-même. Entre la société des Comédiens-Français et Monsieur Raimu, ce sera un échange de prestige.

Tradition oblige. Les formalités accomplies, le pensionnaire tout neuf fait le tour du propriétaire, étonnante promenade dans le passé avec escorte d'ombres énormes. Elle s'achève sur la scène, et Raimu découvre une impressionnante profondeur de salle. Peut-être à cet instant lui revient-il en mémoire les propos de Lucien Guitry : « Mon cher Raimu, vous avez une voix jusqu'au fond de la salle. »

Ce pèlerinage dans la gloire achevé, un Raimu quelque peu secoué prend congé de l'illustre Maison, se fraie un chemin dans la foule qui l'applaudit et se dirige tranquillement vers le métro avec son ami Olivier. Puis il reprend contact, un peu moins tranquillement, avec la réalité : le 22 mars prochain, il devra séduire le Tout-Paris et la critique en leur offrant sur la scène du Français, *Le Bourgeois gentilhomme.*

Un rôle nouveau, inhabituel, supposant un travail acharné et un talent sublime. Il le sait. Et ne doute pas de lui.

Comme un écho et un encouragement à ces heureuses dispositions, le journal *Comœdia* publie un article élogieux le 18 septembre 1943. Il est signé d'André Brunot, doyen du Français et témoin amical de l'entrée de Raimu dans la Maison. André Brunot écrit :

> *En appelant parmi eux un acteur de l'envergure de Raimu, les comédiens de Molière ont eu un geste qui est dans les grandes traditions de la Maison.*
>
> *La personnalité exceptionnelle de notre nouveau camarade déborde en effet les cadres nécessaires et traditionnels de notre institution.*
>
> *Le problème était le suivant : au faîte d'une magnifique carrière, Raimu souhaitait venir ser-*

vir Molière chez lui. Son talent, fait de naturel, de vérité, de libre épanouissement, d'humanité profonde, ressentait l'appel de ces grands rôles dont le plus humain de nos auteurs a su doter notre théâtre.

Comment nous, serviteurs de Molière, aurions-nous pu faire autre chose que de lui ouvrir les bras en lui faisant joyeusement place dans notre cercle ?

Émotion, joie sans contrainte, le talent de Raimu est une plante de pleine terre qui sent "furieusement bon". En outre, Raimu, en marquant qu'il considère le fait de jouer sur notre scène comme un couronnement de sa prestigieuse carrière, a rendu par là un hommage à notre institution tout entière, à la force qu'elle représente, vigoureusement enracinée dans le passé de notre pays, avec Molière à sa source.

Notre très cher administrateur, Monsieur Vaudoyer, en demandant aux membres du Comité leur avis — qui fut unanimement favorable — sur l'engagement de Raimu, a eu une formule particulièrement heureuse : « Entre la Société des Comédiens-Français et Monsieur Raimu, a-t-il dit, ce sera "un échange de prestige". »

Les répétitions commencent à la mi-février. Elles sont prévues chaque jour, à 14 heures. Bouleversement, du coup, dans la vie familiale de Raimu. Pas question pour l'acteur de déjeuner en solitaire. Esther décale. On mange tous à 11 h 30. Car Raimu ne se presse pas. Le repas terminé, il s'habille avec son soin habituel, prend affectueusement congé des siens et emprunte le métro. Sans oublier d'utiliser sa carte de circulation gratuite !

Ponctuel, il constate très vite que les autres ne le sont pas. Il attend souvent plus d'une heure avant l'arrivée du comédien qui doit lui donner la réplique. Quand il arrive. C'est que la plupart des acteurs destinés à entourer *Le Bourgeois* ont interprété si souvent leurs rôles qu'ils n'estiment pas nécessaire de les répéter. Il s'agit là pour eux de contraintes inutiles. Un comportement inadmissible, insupportable pour Raimu, obligé de répéter aux Variétés avec son ami Mouriès ! Au fil des jours, il se monte de plus en plus et, un après-midi, comme prévu, c'est l'explosion.

Il est 15 heures. Voici quarante-cinq minutes que Raimu, tel un fauve en cage, arpente la scène du Français, la sillonnant dans les deux sens. Sa colère croît en proportion de la distance parcourue. Au seuil du deuxième mille, elle explose. Homérique, énorme, raimusienne ; elle distribue ses éclats « jusqu'au fond de la salle », peut-être effleurent-ils la porte du bureau de M. l'Administrateur à l'intention duquel le pensionnaire Raimu se lance dans une diatribe réussie :

— Monsieur l'Administrateur ferait bien d'aller faire un stage chez M. Alibert, aux Variétés. Parce que chez M. Alibert, quand il y a répétition, il ne manque personne !

Plantant là Molière, Raimu s'engouffre dans le métro, attentif à garder sa colère au plus haut niveau, le temps de passer les cinq stations qui le séparent de George V. Il y parvient. Arrivé dans son appartement de la rue Washington, assuré de son public familial, il se saisit d'un certain nombre d'assiettes qu'il jette au sol avec rage. Tout en se contrôlant assez pour les choisir dans un service qu'il n'aime pas trop. Un service acheté par Mémée avec des bons de la Semeuse.

La vaisselle jonchant le sol, transpirant, rouge et apaisé, Jules annonce à la cantonade pétrifiée que « si ça continue, il va laisser tomber tous ces jobastres ! »

— Tu as sûrement raison, Jules, fait Esther, à genoux pour rassembler avec Paulette les débris de porcelaine. Mais laisse-nous quand même quelques assiettes.

Raimu ne va pas récidiver. Lorsqu'il menace Jean-Louis Vaudoyer de reculer la date de la première du *Bourgeois*, voire de résilier purement et simplement son contrat, l'Administrateur impose aux comédiens d'assister désormais aux répétitions.

Cette belle victoire en accompagne une autre, moins brillante mais révélatrice du caractère spécial de Monsieur Raimu. Une histoire de loge.

Normalement, en tant que dernier pensionnaire arrivant, Raimu n'a droit qu'à une modeste loge, reléguée dans les étages supérieurs. Mais, compte tenu de l'ampleur du personnage on fait une entorse au règlement ; on offre à Raimu l'ancienne loge de Cécile Sorel, au deuxième étage. Spacieuse, éclairée par deux fenêtres donnant sur la rue de Richelieu et sur la place du Théâtre-Français. Raimu en ressent une grande fierté mais, lorsque son ami Olivier lui apprend qu'il doit l'aménager, la repeindre et la meubler à ses frais, c'est le drame. Il vocifère :

— Moi, repeindre ma loge ! Pas question ! Tu leur diras que, depuis ses débuts, on a toujours meublé la loge de Raimu et qu'on ne lui a jamais demandé de la repeindre! Pourquoi pas toute la Comédie-Française!

— Mais Jules, c'est le règlement, depuis le décret de Moscou, en 1812... Tout le monde s'y plie...

— Eh bien, pas moi! D'ailleurs, je ne l'ai jamais signé, moi, monsieur, ce décret de Moscou!

Intervention souriante et diplomatique de Marie Bell :

— Jules, si tu ne fais pas comme tout le monde, on va répéter partout que c'est par avarice. Ce n'est pas bon pour toi, pour ton public!

On transige. Raimu fait apporter un fauteuil de chez lui. Le « magasin » du Français fournit le divan de repos, et les peintres de la Maison rafraîchissent les murs. Raimu a gagné. Dans ce même temps consacré aux répétitions, le futur M. Jourdain publie un long article dans *L'Illustration*, dévoilant ses intentions quant à sa façon de jouer le rôle et son comportement au sein de la Maison. Il part aussi en guerre contre la médiocrité du théâtre en général. Il écrit :

> *La Comédie-Française me prend comme je suis, avec mes défauts aussi bien que mes qualités. Il n'est pas question que je me plie à des disciplines qui ne sont pas les miennes, au nom de traditions quelles qu'elles soient. Ce n'est pas à soixante ans que je vais retourner à l'école pour apprendre mon métier.* Ce Bourgeois Gentilhomme *dans lequel je vais faire mes débuts, il est tout à fait sûr que je ne le jouerai pas comme mes devanciers. Je le donnerai comme je le sens, tout*

simplement. Peut-être ramasserai-je "une tape" comme on dit dans le métier; peut-être aussi réussirai-je à révéler des passages qui me frappent et qui me semblent avoir passé, jusqu'ici, inaperçus... En somme, pourquoi irais-je chez Molière, si ce n'est pour y donner ma note personnelle? S'il ne s'agit que de jouer selon des formes bien établies, immuables, mes nouveaux camarades sont plus qualifiés que moi pour cela, eux qui sont, pour la plupart, formés depuis longtemps à la discipline de la Maison, imprégnés de ses traditions et respectueux des précédents. Moi, ma façon de voir est celle de Lucien Guitry lorsque, répétant Chantecler *et entendant Rostand murmurer derrière son dos: "Ah, si Coquelin*[1] *était là!" il se retourna et lui lança: "Pourquoi n'allez-vous pas le chercher?"*

Je ne sais pas si j'accéderai au sociétariat. En principe, cela me paraît absurde d'y entrer à l'âge où précisément les autres en sortent, mais nous en jugerons à l'expiration de l'engagement de deux ans que je viens de signer. Pour l'instant, je me fais plutôt l'effet d'être en représentation. J'apprécie ce nouveau cadre, qui est vraiment une belle chose, j'apprécie surtout de faire partie d'une troupe de vrais artistes. C'est énorme pour un comédien d'être bien entouré; cela lui donne de l'aisance et aussi la force de donner son plein effort, de tirer le meilleur de lui-même pour ne pas être en reste avec ses égaux, et ses juges.

---

1. Constant Coquelin, dit Coquelin aîné, Sociétaire de la Comédie-Française de 1864 à 1895.

Toutefois, je n'ai pas l'intention de me mêler de trop près à la vie privée de la Maison. J'aime trop mon indépendance, ma liberté pour cela. Je considère que je suis engagé pour jouer, pour donner à la Maison ce que je sais, ce que je puis avoir en moi, pas pour autre chose. On dira que je suis un sauvage, mais tant pis : après tout, je le suis peut-être.

Une chose m'intéresserait toutefois : faire entrer au répertoire certaines pièces dites de boulevard comme le Roi *de Flers et Caillavet par exemple. Ne serait-il pas parfaitement à sa place parmi les œuvres modernes, tant par l'esprit des auteurs que par la tenue de leur langue ? Quand j'ai demandé pourquoi on ne l'avait pas monté rue Richelieu depuis beau temps, on m'a répondu que cela aurait fait de la peine à la République.*

Si l'on s'arrête à des conditions de cet ordre en matière d'Art...

Mon idéal serait de faire entrer rue de Richelieu des choses gaies, beaucoup de choses gaies. Pourquoi ne prend-on pas des choses gaies et même jusqu'à des vaudevilles ? Qu'est-ce que c'étaient après tout, en leur temps, Le Bourgeois Gentilhomme, Monsieur de Pourceaugnac *et tant d'autres, sinon des manières de vaudevilles ? Les* Reine morte, *les* Renaud et Armide[1] *c'est très bien, c'est très beau, mais ça fait triste, et il faut de la gaieté en contrepartie. On m'accusera probablement de vandalisme, je ferai scandale, mais*

1. La grande création de l'année 1943 à la Comédie-Française restera *Le Soulier de Satin*, de Paul Claudel (cinq heures de représentation).

j'ai pourtant la sensation qu'en demandant d'annexer les meilleures de nos pièces gaies je ne fais que rester strictement dans la ligne de la Maison, en m'appuyant sur une tradition qui remonte tout droit à Molière, "homme le plus vivant, le moins sophistiqué qui fût".

A son sens, si le théâtre de son époque est tellement médiocre, c'est par la faute du cinéma :

Un auteur tant soit peu arrivé préfère gagner en trente jours 400000 à 500000 francs en écrivant un scénario et un dialogue plutôt que de peiner six mois et plus, à construire une pièce qui lui rapportera 250000 ou 300000 francs en deux ans. D'ailleurs là, comme dans beaucoup de domaines, la loi du moindre effort est devenue la règle. Autrefois, quand on faisait appel à mon concours, on me donnait une pièce à lire, aujourd'hui c'est un schéma d'idées, tout sec, en trois ou quatre pages dactylographiées. "J'écrirai la pièce si vous êtes d'accord pour tenir le rôle", me dit l'auteur. Pourquoi ? Parce que la vedette est le pavillon qui fait passer la marchandise. A elle de masquer trop souvent une incurable médiocrité de pensée ou une construction à la diable. Cette hantise de la vedette est une des plaies du cinéma français plus encore que du théâtre. Elle pousse le producteur à consentir n'importe quel sacrifice pour s'assurer le concours du comédien aimé du public. Après quoi, considérant que "le succès commercial est assuré", il ne lui reste le plus souvent qu'à lésiner sur le choix des titulaires des rôles secondaires. Cela peut paraître paradoxal que ce soit moi qui me plaigne de cet état de chose, cependant, je vous assure que rien n'est plus pénible que de se voir "coller dans les pattes" un partenaire tout juste bon à faire de la figuration, sous prétexte qu'il n'a que quelques répliques à vous donner. Il est évident, et ce n'est pas moi qui dirais le contraire, qu'il faut des chefs de file; toutefois pour que ces chefs de file puissent donner leur mesure, il faut qu'ils soient encadrés, soutenus, comme je le disais tout à l'heure, par des éléments de qualité qui leur donnent la réplique. C'est d'ailleurs ce qui avait fait la force de certain cinéma d'avant-guerre, où les plus petits rôles étaient distribués avec autant de soins que les plus grands. Théâtre et cinéma sont des œuvres collectives; chacun peut y briller selon ses moyens ou ses possibilités, mais c'est une faute, aussi bien qu'une injustice, de compter sur une seule personne pour porter le succès à bout de bras.

On dit que j'ai mauvais caractère, c'est possible, mais c'est surtout que je suis perpétuellement obligé de me battre contre l'incompréhension et, disons-le, la bêtise de la plupart des producteurs. Comment voudriez-vous qu'il en soit autrement quand vous voyez, par exemple, que dans La Rabouilleuse *on va confier le rôle d'un demi-solde de cinquante-cinq ans à Gravey qui joue les hommes de trente ans, alors que la rabouilleuse elle-même, âgée en principe de seize ans, est incarnée par Suzy Prim ? Il suffit d'avoir du goût, un peu de bon sens ou simplement le respect des auteurs pour se mettre en colère devant de pareil-*

les hérésies. Alors, on a beau jeu, n'est-ce pas, de dire que Raimu est insupportable...

L'idéal serait de monter en France une association, comme il y en a à l'étranger, une association d'artistes, hommes et femmes, produisant eux-mêmes leurs films. On aurait ainsi des distributions intelligentes et l'on se partagerait les millions qui restent aux mains des producteurs. Hélas! A cette idée pourtant si simple et réalisable, je n'ai trouvé qu'un seul écho... Tino Rossi.

Enfin, tel qu'il est organisé ou plutôt inorganisé, je garde tout de même au cinéma une bonne tendresse. C'est lui, bien plus que le théâtre, qui vous fait connaître, qui vous impose. Après avoir joué Marius *à Paris, pendant deux ans, personne en province ne me connaissait. Trois mois après la sortie du film tiré de la pièce, tout le monde se poussait du coude en me voyant. Et pourtant, il se peut que ce soit le théâtre qui m'apporte la consécration définitive, celle qui me manque encore et si douloureusement. En me voyant à la Comédie-Française, j'espère que les "gensses" de chez moi se diront enfin : "Dites donc, ce Raimu, pour qu'on l'ait engagé à la Comédie, c'est peut être qu'il vaut quelque chose tout de même!"*

Cet article prouve — s'il en était besoin — l'extrême lucidité de Raimu. De surcroît, les idées que développe le nouveau Comédien-Français sur la santé du théâtre et du cinéma pourraient trouver, aujourd'hui encore, une réelle résonance. Il faut dire que Raimu est alors en pleine possession de ses moyens et de son art. Et il va en faire la démonstration éclatante dans *Le Bourgeois gentilhomme*.

XVII

L'apothéose et la nuit

Dans la deuxième quinzaine du mois de mars 1944, les affiches collées sur la façade de la Comédie-Française annoncent, pour le 22, une soirée de gala avec « les débuts de M. Raimu dans *Le Bourgeois gentilhomme*, de Molière ». Une comédie-ballet en cinq actes mise en scène par Pierre Bertin avec divertissements de Serge Lifar.

Pour une somme de trente-cinq à sept cents francs, on pourra suivre les évolutions de Raimu-Jourdain, entouré de comédiens prestigieux : Pierre Bertin, Escande, Pierre Dux, Denis d'Inès, Marie Bell, Mony Dalmès, Denise Bosc. Une grande soirée en perspective pour les Parisiens, assoiffés de tout événement propice à leur faire oublier un moment les sombres heures d'une interminable occupation.

Ce 22 mars, comment Raimu se comporte-t-il ? Sa journée, il la passe paisiblement au milieu des siens, rue Washington, redoutant de s'exposer en ville aux assauts des vrais et des faux amis ou des chasseurs d'autographes, qu'il abomine. Ses trois « femmes »,

Esther, Paulette et Ernestine le couvent, l'entourent d'attentions et de tendresse. On lui mijote ses petits plats favoris, on souscrit à ses moindres désirs. C'est donc le cœur chaud et léger que, dans la soirée, Raimu emprunte son éternel métro gratuit pour son rendez-vous avec Paris.

Dans sa loge envahie de fleurs et de télégrammes d'amitié, Raimu se prépare avec beaucoup de tranquillité. Comme pour une banale représentation. Il s'agit pourtant d'un moment solennel où le comédien aurait pu éprouver une certaine émotion ou un peu de nervosité devant l'importance de l'enjeu. Son ami Paul Olivier, qui le rejoint dans la loge, note qu'il s'attendait à trouver Raimu « soucieux » ou encore « tourmenté ». Rien de tout cela. Lui si prompt à s'emporter parfois pour un rien, sait garder calme et détachement en une aussi grande occasion.

Ce 22 mars 1944 donc, la place du Théâtre-Français offre, dès 19 heures, un spectacle déjà fort divertissant. Vers elle converge la foule parisienne des grands soirs. Elle surgit de la bouche du métro, descend d'autos à gazogène et surtout de vélos-taxis, transport favori des Parisiens. Composés d'une bicyclette ou d'un tandem attelé à une caisse plus ou moins suspendue et rembourrée, ils portent sur leurs flancs des noms pittoresques — « A la grâce de Dieu », « Les Temps modernes »... — et ils véhiculent des passagers plutôt aisés (six francs de prise en charge, dix francs le kilomètre) ou âgés. Les jeunes, qui ont encore moins les moyens de s'offrir un de ces fiacres à l'élégance vieillotte (cent francs la course) circulent à bicyclette. Les années d'occupation consacrent le triomphe de la « petite reine ».

Ce soir-là, on peut voir fréquemment descendre de vélo des messieurs très fringants dans leurs costumes flambant neufs « tout peuplier » et des élégantes vêtues à la dernière mode. Car en dépit des restrictions, les petites femmes de Paris s'habillent au goût du jour, dicté notamment par Henry à la Pensée, Robert Piguet et Madeleine de Rauch. Ces couturiers imposent le style « Orient » — burnous, longues capes — et écossais. Turbans volumineux, « jardinières » bien garnies, feutres de mousquetaires, les chapeaux féminins, monstrueux, défient les lois de l'équilibre et font oublier à leurs porteuses les difficultés de l'heure.

Cette foule bigarrée, excitée, envahit dès 19 h 30 la salle de la Comédie-Française. Nulle présence visible de l'occupant, pas d'uniforme vert-de-gris. A l'image de la radio de Londres, « le Français parle aux Français ».

Par le trou du rideau, Raimu jette un bref regard sur le public, sur les deux premiers rangs occupés par tout ce que Paris compte de plus glorieux. Il lance à Vaudoyer, un peu fébrile :

— Monsieur l'Administrateur, tous ces gensses, ils vont voir ce qu'ils vont voir !

Accueilli par un tonnerre d'applaudissements dès son entrée en scène, Raimu empoche ce chèque en blanc offert à son talent et se déchaîne. Dans son invraisemblable accoutrement fanfreluché, il présente un Monsieur Jourdain inconnu, naïf et touchant, plein d'admiration confiante pour les privilèges de la noblesse. Un être pétri de chair et de sang, criant de vérité, et non plus un personnage de théâtre. Un Monsieur Jourdain réaliste, au milieu d'excellents comédiens ronronnant de tradition, d'habileté, de componction. Gigantesque et magnifique, Raimu fait une création d'une envergure époustouflante; il se confond au personnage à un point tel qu'on ne sait plus très bien qui, de Raimu ou de Monsieur Jourdain se montre le plus largement honoré de se voir introduit dans les soirées de Versailles.

Le Tout-Paris ne s'y trompe pas, il lui fait un triomphe, l'applaudit, debout, interminablement. Le lendemain, la critique noie le monstre sacré sous les fleurs :

> *Cet acteur, le plus grand que nous ayons aujourd'hui,* écrit André Laubreau dans Je suis partout [rédacteur en chef : Robert Brasillach] *est sorti triomphant de l'épreuve. Il aurait pu s'y briser les reins [...] En s'attaquant à un texte périlleux, il lui a rendu sa légèreté, ses voilements de tristesse, les envols soudains de l'esprit, et cette indicible inquiétude que tout homme, même le plus ridicule, porte en lui [...] A-t-il cherché des effets ? Je ne le crois pas. Il est devenu Monsieur Jourdain le plus naturellement du monde...*

Mais, sans doute le plus bel hommage lui est-il rendu par Jean Cocteau, dans *Comœdia* du 1er avril 1944 :

> *M. Raimu humanise tellement ce fantoche de Jourdain, il le charge de tant de grâce enfantine, de bonne volonté naïve, de confiance charmante dans les prestiges de la noblesse, que tous les personnages qui le bernent se trouvent en mauvaise*

posture et nous semblent inhumains. La leçon de danse de M. Raimu est un chef-d'œuvre. Elle est au bord de nous émouvoir... Il est admirable de voir M. Raimu éviter les pièges, c'est-à-dire les effets conventionnels et trouver le style dans la plus étonnante simplicité.

Après cette « première » éblouissante, on affiche complet pendant des mois, au rythme de trois représentations par semaine. Un rythme agréable à Raimu, si longtemps esclave au caf'conc' et au boulevard de prestations quotidiennes. Curieusement, son temps libre, il le passe... à la Comédie-Française. Il s'y complaît, bavarde avec des « camarades » ou, à défaut, avec les huissiers, source précieuse d'informations sur les ragots, les idylles, les intrigues en cours. L'ordonnance imposante et sévère de la Maison ne le gêne pas. Il finit par s'habituer à la façon dont les étages sont indiqués : non par des numéros, comme partout, mais par les noms des gloires d'antan : étage Mars, Talma, Rachel, Préville... Et surtout, il ignore délibérément les drames qui secouent la maison de Molière à cette époque, plus que jamais celle des fausses confidences, des offres fallacieuses et des fausses promesses. Clans, chapelles se multiplient et s'entre-déchirent ou s'unissent pour affronter l'Administrateur. Après le départ du dernier carré de grands sociétaires, l'avenir s'annonce sombre. Jean-Louis Vaudoyer, face à une crise qu'il ne maîtrise pas, cède son fauteuil à un auteur dramatique connu à l'époque, André Obey. Raimu, lui, évolue au milieu de ce petit monde cruel, attentif à rester au-dessus de la mêlée avec le détachement d'un homme de soixante ans qui n'a plus d'ambition à satisfaire.

En marge, bien en marge de cet univers replié sur lui-même, presque indifférent aux convulsions du monde, les événements se précipitent sur d'autres théâtres. Le 6 juin, c'est le débarquement allié en Normandie. Au mois d'août c'est la libération de Paris et de la France après quatre ans de cauchemar. Avec les remous et les règlements de compte, dans tous les domaines, artistiques entre autres, que l'Histoire a retenus.

Par-delà ces soubresauts, la Comédie-Française continue. Et Jules Raimu, fidèle à son engagement de deux ans, interprète *Le Malade imaginaire* à l'automne 1944.

Le 25 octobre a lieu la première représentation. Raimu est un Argan étincelant et il remporte un grand succès. Ce n'est pas le triomphe du *Bourgeois gentilhomme* et il en éprouve un certain dépit. L'en console le comportement de ses camarades qui ont fini par adopter ce « trombone marseillais », ce produit du caf'conc' et du Boulevard, et non du noble Conservatoire.

Fort, malgré tout, du succès du *Malade imaginaire*, Raimu s'emploie avec fougue à introduire de nouveaux auteurs au répertoire de l'illustre maison. Il propose *Le Roi*, la pièce étourdissante de Robert de Flers et Gaston Arman de Caillavet, avec pour interprètes Madeleine Renaud et Jean Debucourt, le fils de Le Bargy. Il propose *Les affaires sont les affaires*, d'Octave Mirbeau. Et *L'Éternel mari* de Dostoïevski, adapté par Pierre Brive. Sans succès.

Il se heurte aux chefs d'emploi entrés chez Molière bien avant lui, soucieux de garder les rôles. Ils ont raison de sa ténacité. Raimu renonce. Et, en lieu et place de ces pièces merveilleuses, on offre au grand comédien *L'Anglais tel qu'on le parle,* une saynète infiniment drôle de Tristan Bernard, mais un petit acte bon pour une fin de spectacle ou un lever de rideau. Et déjà interprété par Raimu, trente ans plus tôt, sur des scènes de province. Quel retour en arrière !

Deux pièces de Molière, un acte de Tristan Bernard... C'est peu. M. Jourdain dispose de beaucoup de temps libre. Il va en profiter pour revenir au cinéma.

Et, dans cette seule année 1946, un navet précède un chef-d'œuvre. Le navet relatif s'appelle *Les Gueux au paradis,* réalisé par Pierre Le Hénaff. Deux joyeux pochards déguisés pour une kermesse en saint Antoine et saint Nicolas, Raimu et Fernandel, sont victimes d'un accident mortel. Refoulés du paradis par saint Pierre, un Alerme irrésistible avec sa clé en sautoir, ils reviennent sur terre. Truculent mais égaré dans une fable bouffonne, le trio ne sauve guère cette farce trop grasse.

Avec *L'Homme au chapeau rond,* rien n'est à sauver, tout respire le grand art. Adapté par Brive et Spaak du roman *L'Éternel mari* de Fiodor Dostoïevski (1870), ce rôle permet à Raimu d'aborder l'un des personnages les plus complexes qu'il ait incarnés jusqu'alors. Il se glisse dans la peau de ce Nicolas inquiétant et pathétique. Ce veuf alcoolique éperdu de vengeance qui, lorsqu'il apprend que sa fille n'est pas la sienne, la laisse mourir.

Nicolas, c'est un pauvre hère sans pitié parce que sans espoir, plongé dans un désarroi sans bornes et « qui cherche sa vérité dans sa folie même » (Stefan Zweig, un des maîtres de l'analyse psychologique, suicidé en 1942).

Prétexte rêvé pour une performance d'acteur, *L'Homme au chapeau rond* n'entraîne pas Raimu dans la facilité. Sa performance c'est d'être Nicolas, dans ce drame terrible. Et personne d'autre, excepté Gérard Philipe dans *L'Idiot,* mais dans un registre différent, n'a jamais mieux exprimé Dostoïevski.

Marcel Pagnol ne décolère pas de savoir son ami sans emploi au théâtre, le Français interdisant à ses comédiens de paraître sur d'autres scènes. Un jour, il lui adresse cette lettre :

Mon vieux Jules,

Tu es sûr de mourir un jour ou l'autre, mais tu veux crever avant. Enterré au Français, où tu joues des levers de rideau, tu as perdu depuis longtemps ta vedette.

J'espère que dans l'ombre des comédiens du Français, tu te trouves au frais, et que ta retraite te paraît agréable.

Je salue ici un comédien qui fut grand, et qui se repose de ses succès. Bon Pont aux Dames.

Affectueusement.
Marcel Pagnol.

Un autre jour, il menace Raimu de le faire renvoyer de la Comédie-Française.

— Et comment t'y prendras-tu ? demande Jules.

— C'est tout simple. Bien que j'aie autre chose à

faire, je vais accepter le poste que le ministre me proposait encore ce matin.

— Lequel ?

— Celui d'administrateur du Théâtre-Français. Ainsi, je pourrai te foutre à la porte. Le soir même, je démissionnerai, et le lendemain nous retravaillerons ensemble...

Raimu doit se rendre à l'évidence; puisqu'on ne l'emploie pas, il finit par rédiger sa lettre de démission :

Monsieur l'Administrateur de la Comédie-Française,

J'ai l'honneur de vous demander de bien vouloir accepter de procéder à la résiliation à l'amiable des conventions qui me lient à la Comédie-Française. Ma démission, comme vous avez bien voulu en convenir avec mon représentant, M. Paul Olivier, prendra donc effet le 1er septembre 1946.

Permettez-moi de vous dire qu'il demeurera comme le plus grand honneur de ma carrière d'avoir connu l'immense privilège de jouer sur la scène du Théâtre-Français. Permettez-moi également de vous dire toute l'estime que je garderai de votre maison et de toutes les personnes, grand et petit personnel, que j'y ai rencontrées.

Je vous serais très obligé de bien vouloir me donner votre accord sur la présente lettre et je vous prie d'agréer, M. l'Administrateur, l'expression de mes respectueux sentiments.

Raimu.

Mais cette fameuse lettre ne partira jamais.

Raimu la rédige alors qu'il traverse une période difficile. Et fort douloureuse. En effet, le comédien doit rester cloué sur un lit, à la clinique Lyautey, pendant d'interminables semaines. A l'origine de cette immobilisation forcée, un accident de voiture survenu un dimanche, au début du mois de mars 1946.

Ce jour-là, le producteur Paul-Edmond Decharme, Raimu et son fidèle compagnon Yves Mirande prennent la route du Midi. Les trois hommes envisagent de préparer, pour l'écran, l'adaptation du *Voyage de M. Perrichon*. En invitant Raimu à Monte-Carlo pour jeter les bases de leur projet, Paul-Edmond Decharme sait qu'il procure au comédien un immense plaisir. Il va retrouver « sa » Côte d'Azur, bien loin de ses soucis du Théâtre-Français.

Paul-Edmond Decharme pilote la voiture. Yves Mirande et Raimu sont installés sur la banquette arrière. Près de Mâcon, probablement à la suite de l'éclatement d'un pneu, la voiture fait une large embardée, se retourne et heurte brutalement un arbre. Le conducteur sort indemne du choc et Yves Mirande se brise la clavicule. Mais Raimu, le plus touché, souffre d'une fracture de la partie supérieure du tibia. Transporté à la clinique du docteur Denis, à Mâcon, le diagnostic révèle également des complications dans l'articulation du genou.

Sans retard, Raimu rejoint la clinique Lyautey, à Paris. Le docteur Boppe procède alors à une délicate intervention chirurgicale. Il doit même décider la pose d'une broche pour consolider le genou.

La guérison prend de longues semaines. Raimu doit subir de pénibles séances de rééducation. L'immobilité le torture, et l'avenir l'angoisse. Bref, son moral est au plus bas pendant ce printemps 1946. Le remonte tant bien que mal une énorme conspiration de l'affection et de l'amitié. Il ne se passe pas de jour sans visite. Celles d'Esther, de Paulette, celles de ses compagnons de toujours. Parfois, on dirait que toute la Provence s'est donné rendez-vous dans cette chambre de clinique, embaumée d'« assent » marseillais.

Esther fait des entrées fracassantes, éclatante dans sa quarantaine baignée de sensualité. Raimu se redresse sur son oreiller, y va de son compliment de vieil amoureux :

— Vaï ! Eh bé sies poulido ! [Que tu es jolie !]

Et Maupi opine du bonnet.

Maupi, toujours présent, qui ne décolère pas et qui ressasse sa fureur contre Decharme, responsable de l'accident, « un vrai chauffard qui est costumier [sic] du fait ! ».

Quelques semaines après cet accident, Marcel Pagnol se trouve plongé dans le plus grand embarras vis-à-vis de Raimu. Après la joie d'être père de Frédéric, que lui a donné le 6 février Jacqueline (épousée le 6 octobre 1945), il connaît celle, glorieuse, d'entrer à l'Académie française, le 14 avril. Immense honneur pour cet ancien prof d'anglais devenu l'un des plus grands auteurs dramatiques de l'époque. Oui, mais comment annoncer pareil événement à Raimu ? Comment, sans provoquer une violente et dangereuse émotion ? Il en discute avec Esther, met au point une vague stratégie, comptant plutôt sur l'improvisation. Au jour dit, les voici tous deux à la clinique, accueillis par un Raimu chaleureux mais las. Pagnol pose une bouteille de beaujolais sur la table de chevet, ils s'asseyent de part et d'autre du lit. La conversation tourne autour du travail de Raimu après sa guérison puis Pagnol, après un coup d'œil complice à Esther, se jette à l'eau :

— Ah ! Jules, j'ai quelque chose à te dire... Une bonne nouvelle, enfin pour moi, je veux dire...

— Une bonne nouvelle, peuchère ! Et tu me l'as pas encore dit !

— Eh bien, figure-toi, je viens d'être élu à l'Académie française.

Les bons yeux de Raimu se brouillent. Son visage pâlit.

— Boudiou ! A l'Académie ! Alorsse, comme ça, tu vas avoir l'épée, et le chapeau d'encaisseur ?

— Eh oui, Jules ! Et le bel habit vert... Tu te rends compte !

Devant l'émotion de son ami, Pagnol ne peut retenir ses larmes, face à une Esther muette. Puis il se force à sourire :

— Et tu seras là, Jules, pour la réception officielle... On a le temps, c'est le 27 mars de l'année prochaine... Il y aura belle lurette que tu seras sorti d'affaire ! Et, de toute façon, tu sais que tu y entres avec moi, à l'Académie !

— Voué, Marcel, merci. Tiens, ouvre donc la bouteille, on va arroser ça !

Le défilé des amis à la clinique Lyautey s'arrête au cœur de l'été. Raimu regagne son appartement de la rue Washington, tout heureux. Il fait de brèves sorties, appuyé sur des béquilles. Et malgré « sa quille en plomb », pour employer ses termes, il emmène sa fille Paulette au théâtre, lui fait partager son admiration pour la grande Marguerite

Moréno, « la Folle de Chaillot », ou pour François Périer, vedette d'une autre pièce fracassante, *Les J3* de Roger Ferdinand.

Au mois d'août, Raimu se rend pour une cure à Bourbonne-les-Bains, station thermale de Haute-Marne spécialisée dans les maladies des os.

A son retour à Paris, le manque d'entrain de Raimu inquiète ses proches. Il se sent toujours très fatigué. Pourtant, mille projets l'agitent. Certes, *Le Voyage de Monsieur Perrichon* est délibérément repoussé, mais Raimu s'excite beaucoup à l'idée d'incarner l'ogre, sous la direction de Georges Lampin, dans une adaptation de la pièce de Claude-André Puget, *Le Grand Poucet.*

Vers la mi-septembre, il doit toutefois se prêter à de nouveaux examens. Le verdict des médecins est formel : il lui faut subir, au plus vite, une seconde intervention chirurgicale.

En apparence bénigne, cette opération n'en reste pas moins mystérieuse. Très curieusement d'ailleurs. Selon son secrétaire, Paul Olivier, « le nom d'un mal terrible fut même discrètement prononcé dans son entourage ». De son côté, la fille de Raimu affirme « qu'il s'agissait d'une simple opération nécessitée par une complication d'hémorroïdes ». Au moment de l'intervention, Paulette était en vacances en Corse. Elle ajoute : « Si papa avait su que l'opération pouvait être délicate et s'il se pensait gravement malade, il m'aurait demandé de revenir. »

Le 18 septembre 1946, Raimu entre à l'Hôpital Américain de Neuilly. Le 20 septembre au matin, les médecins procèdent à la visite d'usage. De bonne humeur, Raimu plaisante avec eux. A 11 heures, il entre dans la salle d'opération. Non sans avoir lancé à Esther d'un ton enjoué :

— Fais-moi préparer un bon steack, avec des frites molles, comme je les aime. Et avec un bon verre de beaujolais.

A 11 h 50, Raimu meurt sur la table d'opération. Le chirurgien explique à Esther qu'il a succombé « à une syncope blanche ». En fait, une crise cardiaque.

En tout début d'après-midi, Marcel Pagnol, Jean Gabin, Édouard Delmont et Tramel rejoignent les premiers la chambre mortuaire. Gabin s'approche pour croiser les mains de Raimu sur sa poitrine. Pagnol vient à son tour lui nouer le papillon de sa cravate. Puis, commence un interminable défilé d'amis.

Le 23 septembre, une foule impressionnante se rend aux obsèques à Saint-Philippe-du-Roule. Les intimes de Raimu, bien sûr; beaucoup d'acteurs célèbres, évidemment; mais surtout le public anonyme de ses admirateurs bouleversés qui se pressent tout au long du parcours emprunté par le cortège.

Le Figaro du 24 septembre 1946 rend ainsi compte de la cérémonie :

> *Les obsèques de Raimu ont eu lieu hier matin, par un beau soleil d'automne, en présence d'une foule immense couvrant la place Saint-Philippe-du-Roule, jusqu'à se presser aux grilles de l'église et s'alignant, en double haie, le long des rues, jusqu'à la maison mortuaire. C'est là que les amis de Raimu s'étaient réunis nombreux : Marcel Pagnol, Maurice Chevalier, Marie Bell, Bertin,*

> *Saturnin Fabre, Dumesnil, Yves Mirande, etc. Ainsi, ce fut suivi d'un long cortège et de deux immenses chars de fleurs et de couronnes que le corbillard arriva à l'église.*
>
> *Les obsèques furent célébrées en grande pompe. La partie musicale était de qualité, exécutée par les Petits Chanteurs à la Croix de Bois et par la maîtrise.*
>
> *L'inhumation a eu lieu au cimetière des Batignolles, où les derniers adieux au grand comédien furent prononcés. Monsieur André Obey, représentant le ministre de l'Éducation nationale, Julien Berthau au nom des artistes de la Maison de Molière; Henri Rollan prirent la parole, et enfin Maurice Chevalier parla au nom des artistes, que la mort de Raimu prive de l'un des meilleurs d'entre eux.*

Mais son plus bel éloge funèbre, c'est en fait Marcel Pagnol qui le prononce :

> *On ne peut pas faire un discours sur la tombe d'un père, d'un frère ou d'un fils, tu étais pour moi les trois à la fois; je ne parlerai pas sur ta tombe.*
>
> *D'ailleurs, je n'ai jamais su parler et c'était Raimu qui parlait pour moi. Ta grande et pathétique voix s'est tue et mon chagrin fait mon silence.*
>
> *Devant Delmont qui pleurait sans le savoir, Jean Gabin a croisé tes mains sur ta poitrine, j'ai pieusement noué le papillon de ta cravate et tous ceux de notre métier sont venus te saluer.*
>
> *Longuement, nous avons médité sur cette*

lourde statue de toi-même. Nous avons découvert ce masque si noble que la vie nous avait caché.

Pour la première fois, tu ne riais pas, tu ne criais pas, tu ne haussais pas tes larges épaules. Et, pourtant, tu n'avais jamais tenu autant de place, et cette présence de marbre nous écrasait par ton absence.

Alors, nous avons su qui tu étais.

Des journalistes, des cinéastes, des comédiens arrivaient par-delà les frontières. Toi qui n'étais que notre ami, nous avons su tout à coup que ton génie faisait partie du patrimoine de la France et que des étrangers qui ne t'avaient jamais rencontré vivant pleuraient de te voir mort. Tu prenais sous nos yeux ta place brusquement agrandie.

Et puis, il est venu des hommes qui ont enfermé dans un coffre énorme tant de rires, tant de colères, tant d'émotions, tant de gloire, tant de génie.

Par bonheur, il nous reste des films qui gardent ton reflet terrestre, le poids de ta démarche et l'orgue de ta voix... Ainsi, tu es mort mais tu n'as pas disparu. Tu vas jouer ce soir dans trente salles, et des foules vont rire et pleurer : tu exerces toujours ton art, tu continues à faire ton métier et je peux mesurer aujourd'hui la reconnaissance que nous devons à la lampe magique qui rallume les génies éteints, qui refait danser les danseuses mortes et qui rend à notre tendresse le sourire des amis perdus !

Que peut-on ajouter à pareil hommage ? Peut-être celui, en forme de quatrain, de Maurice Rostand :

Quand s'éteint cette voix
fameuse et familière
Pagnol pleure ici-bas,
là-haut pleure Molière.

Ou encore celui d'un Marcel Achard bouleversé :

Jules a fermé sa grand gueule. Et le monde entier s'aperçoit que c'est une des plus grandes voix du théâtre qui s'est tue.

Certaines répliques ne seront plus jamais aussi bien dites.

Une certaine gaieté est morte avec lui.

Et certains chagrins ne pourront plus se dire.

La France a perdu son grand comique. Le Midi a perdu son grand tambourinaire.

Notre grand Jules est mort.

Je l'ai vu sur son lit funèbre. Il avait le visage calme et le sourire inquiétant et mystérieux de ceux qui n'ont pas entendu sonner l'heure.

Comment peut-il n'être plus là... Lui qui tenait tant de place.

Jules-Auguste-César Muraire, dit Raimu, « de la Comédie-Française », repose au cimetière de Toulon, près du mont Faron. Une tombe simple, sous les arbres. Près de lui, son frère Valentin, sa femme Esther (disparue le 12 mai 1977) et « Mémée », décédée deux mois après lui.

Pas très loin, la sépulture de Maupi, du « grand » Maupi, mort deux ans après.

Maupi, l'ami... Lorsque Jules quitte définitivement la scène, ce 20 septembre 1946, Maupi retrouve des amis à Cassis. Il ne sait rien. On l'informe. Avec d'infinies précautions. Alors, son petit visage ridé se plisse encore davantage et il dit, la voix nouée :

— Pauvre Jules ! Il est heureux maintenant. Là-haut, il a retrouvé les autres et ils doivent faire une belote tous ensemble... Tiens, quand ce sera mon tour, je suis sûr qu'en me voyant, Jules se fâchera et fera sa grosse voix : « Alors, c'est maintenant que tu arrives ? »

Théâtrographie[1]

Raimu fait ses débuts au Casino de Toulon en 1899. Il présente un numéro de comique troupier, un genre très à la mode à l'époque. C'est l'échec total, sa prestation ne dure qu'une seule soirée. Raimu doit alors se contenter de rôles de figurants, notamment dans un spectacle intitulé *Aiglons-nous les uns les autres.*

En 1900, à l'Alhambra de Marseille, dans *Le Voyage en Suisse,* Raimu remplace au pied levé un acteur malade. Puis il part pour une série de tournées dans le Midi, à Toulouse et en Afrique du Nord. Notamment avec une troupe baptisée « Les Lauri-Lauri ». Les titres des revues et des sketches que nous avons pu retrouver sont les suivants : *La Mort du singe, Sous les toits, Robert Macaire, A la chambrée* (avec Tramel).

De 1910 à 1915, Raimu vient jouer au music-hall, à Paris. Titres connus : *C'est solide,* une fantaisie militaire d'Abel Hermant et Yves Mirande; *Les Années de pension* (rôle féminin); *Midi à 14 heures* (rôle de la Joconde). Puis il participe à de nombreuses revues au Concert Mayol, aux Folies-Bergère, au Casino, à la Scala, à la Cigale.

MONSIEUR CHASSE (1915)
Théâtre de la Renaissance. Comédie de Georges Feydeau.

PLUS ÇA CHANGE ! (1916)
Théâtre Michel. Fantaisie d'actualité de Rip. *Avec :* Spinelly.

FAISONS UN RÊVE (1916)
Bouffes-Parisiens. Comédie de Sacha Guitry. *Avec :* Sacha Guitry et Charlotte Lysès.

IL FAUT L'AVOIR ! (1917)
Palais-Royal. Comédie-revue de Sacha Guitry et Albert Willemetz. *Avec :* Armande Cassive et Yvonne Printemps.

SIX HOMMES, UNE FEMME ET UN SINGE (1917)
Théâtre Michel. Comédie de Pierre Veber et Yves Mirande. *Avec :* Spinelly et Denise Grey.

LE POILU (1917)
Palais-Royal. Opérette de Pierre Veber. *Avec :* Yvonne Printemps.

L'ÉCOLE DES COCOTTES (1918)
Théâtre Michel (reprise au théâtre Michel le 18 septembre 1919, puis au Variétés le 1er septembre 1920). Comédie de Paul Armont et Marcel Gerbidon. *Avec :* Jane Marnac et Harry Baur.

SAISON D'AMOUR (1918)
Théâtre Michel. Comédie d'Edmond Sée. *Avec :* Spinelly.

LE COCHON QUI SOMMEILLE (1918)
Théâtre Michel. Opérette de Rip et Dieudonné.

LA FILLE AUX JOUES ROSES (1919)
Théâtre Sarah-Bernhardt. Comédie de François Porché. *Avec :* Madame Simone et Yonnel.

POUR AVOIR ADRIENNE (1919)
Théâtre Michel. Comédie de Louis Verneuil.

LA CHASSE A L'HOMME (1919)
Variétés. Comédie de Maurice Donnay. *Avec :* Jane Marnac.

UN HOMME EN HABIT (1920)
Variétés (reprise à la Scala en décembre 1926 et au théâtre de Paris en février 1931). Comédie d'André Picard et Yves Mirande. *Avec :* André Dubosc et Gabrielle Dorziat.

LE ROI (1920)
Variétés. Comédie de Robert de Flers et Gaston Arman de Caillavet. *Avec :* Spinelly, Max Dearly, Harry Baur et Gabrielle Dorziat.

MA TANTE D'HONFLEUR (1921)
Variétés. Comédie de Paul Gavault. *Avec :* Deschamps.

ÇA VA ! (1921)
Théâtre de Paris. Revue de Rip et Guignoux. *Avec :* Thérèse Dorny, Pauley, Miss Crampton.

LA REVUE DES VARIÉTÉS (1921)
Variétés. Revue de Rip et Guignoux. Raimu interprète plusieurs rôles successifs.

LA BELLE ANGEVINE (1922)
Variétés. Comédie de Donnay et Rivoire. *Avec :* Jane Marnac et Pauley.

LA PETITE CHOCOLATIÈRE (1922)
Variétés. Comédie de Paul Gavault. *Avec :* Jane Marnac et André Lefaur.

LE BLANC ET LE NOIR (1922)
Variétés. Comédie de Sacha Guitry. *Avec :* Jane Marnac, André Lefaur, Pauley, Koval.

UN JOUR DE FOLIE (1923)
Variétés. Comédie d'André Birabeau. *Avec :* Jane Marnac, Pauley, Jeanne Loury.

EDITH DE NANTES (1923)
Théâtre Daunou. Comédie d'Yves Mirande. *Avec :* Jane Renouardt.

UN PHÉNOMÈNE (1923)
Théâtre de l'Alhambra. Parade de Sacha Guitry, musique de Christiné.

VERTU... VERTU (1923)
Théâtre des Mathurins. Comédie d'Alfred Savoir et Guignoux. *Avec :* Jeanne Provost, Yolande Laffon, Bélières.

LA HUITIÈME FEMME DE BARBE-BLEUE (1923)
Théâtre des Mathurins. Comédie d'Alfred Savoir. *Avec :* Charlotte Lysès, Alerme et Gildès.

LA FLAMBÉE (1924)
Théâtre de Paris. Drame de Henry Kistemaeckers. *Avec :* Pierre Renoir, Henri Rollan, Camille Bert, Vera Sergine, Marcelle Praince.

LE BOIS SACRÉ (1924)
Variétés. Comédie de Robert de Flers et Gaston Arman de Callaivet. *Avec :* Andrew, Huguenet, et Saint-Granier.

LA NUIT EST A NOUS (1925)
Théâtre de Paris. Comédie de Henry Kistemaeckers. *Avec :* Vera Sergine.

VIVE LA RÉPUBLIQUE ! (1926)
Théâtre Marigny. Revue de Sacha Guitry et Albert Willemetz.

LA VÉRITÉ TOUTE NUE (1926)
Théâtre de Paris. Comédie de Pierre Veber et Quinson. *Avec :* Max Dearly.

VIVE L'EMPEREUR ! (1926)
La Scala. Fantaisie d'Yves Mirande, Jean Richepin et R. de Meckiels. *Avec :* Alerme.

MIL NEUF CENT VINGT-SEPT (1927)
Théâtre Marigny. Revue d'Albert Willemetz, Saint-Granier et Jean Le Seyeux.

LE DIABLE A PARIS (1927)
Théâtre Marigny. Opérette d'Albert Willemetz, Robert de Flers et Francis de Croisset. *Avec :* Dranem, Edmée Favart, Aimé Simon-Girard.

VENISE (1927)
Théâtre Marigny (reprise en janvier 1928). Opérette d'Albert Willemetz et Mouezy-Eon. *Avec :* Yvonne Faröche, Jane Morlet, A. Gaudin.

LA REVUE DE MARIGNY (1928)
Théâtre Marigny. Revue de Jean Le Seyeux et Saint-

Granier. *Avec :* Jane Marnac, Dranem, Saint-Granier.

LE DIABLE A QUATRE (1928)
Revue de Sacha Guitry.

COUPS DE ROULIS (1928)
Théâtre Marigny. Opérette d'Albert Willemetz, d'après le roman d'André Larrouy. Musique d'André Messager. *Avec :* Pierre Magnier, Denya Nelson.

MARIUS (1929)
Théâtre de Paris (reprise aux Variétés en 1942). Comédie de Marcel Pagnol. *Avec :* Pierre Fresnay, Orane Demazis, Charpin, Robert Vattier.

CES MESSIEURS DE LA SANTÉ (1931)
Théâtre de Paris. Comédie de Paul Armont et Léopold Marchand. *Avec :* Alerme, Charpin, Vilbert, Thérèse Dorny.

NOIX DE COCO (1935)
Théâtre de Paris. Comédie de Marcel Achard. *Avec :* Huguette Duflos, Ginette Leclerc, Alerme, Julien Bertheau.

FANNY (1935)
Variétés. Comédie de Marcel Pagnol. *Avec :* Berval, Charpin, Orane Demazis, Robert Vattier.

LE BOURGEOIS GENTILHOMME (1944)
Comédie-Française. Comédie de Molière. *Avec :* Marie Bell, Denis d'Inès, Maurice Escande.

LE MALADE IMAGINAIRE (1944)
Comédie-Française. Comédie de Molière. *Avec :* Aimé Clariond, Julien Bertheau, Louise Conte, Denis d'Inès, Mony Dalmès.

L'ANGLAIS TEL QU'ON LE PARLE (1944)
Comédie Française. Comédie de Tristan Bernard.

1. Les spectacles sont classés à la date de leur première présentation ou à la date de la création du rôle par Raimu.

LE MALADE IMAGINAIRE (1944).
Comédie Française. Comédie de Molière. Avec Aimé Clariond, Julien Bertheau, Louise Conte, Denis d'Inès, Mony Dalmès...

L'ANGLAIS TEL QU'ON LE PARLE (1944).
Comédie française. Comédie de Tristan Bernard.

1. Les spectacles sont classés à la date de leur première présentation ou à la date de la création du rôle par Lefèvre.

Filmographie[1]

L'HOMME NU (1912)
Réalisation : Henri Desfontaines. Film muet. *Avec :* Louise Willy et Bacqué.

L'AGENCE CACAHUÈTE (1914)
Réalisation : Roger Lion. Film muet.

PARIS PENDANT LA GUERRE (1915)
Réalisation : Henri Diamant-Berger. Film muet. *Avec :* Marguerite Moreno.

LE BLANC ET LE NOIR (1931)
Réalisation : Robert Florey. *Adaptation et dialogues :* Sacha Guitry, d'après sa pièce. *Avec :* Suzanne Dantès, Alerme, Irène Wells, Pauline Carton, Charles Lamy, Fernandel.

MAM'ZELLE NITOUCHE (1931)
Réalisation : Marc Allégret. *Scénario :* Hans H. Zerlett, d'après l'opérette de Meilhac, Millaud et Hervé. *Adaptation :* Jacques Bousquet. *Avec :* Janie Marèse, Édith Méra, Alida Rouffe, Alerme, Jean Rousse-

lières, Suzy Leroy, Édouard Delmont, Edwige Feuillère.

MARIUS (1931)
Réalisation : Alexandre Korda. *Scénario et dialogues :* Marcel Pagnol, d'après sa pièce. *Avec :* Pierre Fresnay, Orane Demazis, Charpin, Alida Rouffe, Robert Vattier, Mihalesco, Paul Dullac, Maupi, Édouard Delmont, Milly Mathis, Valentine Ribe, Quéret, Giovanni, Lucien Callamand.

LA PETITE CHOCOLATIÈRE (1932)
Réalisation : Marc Allégret. *Scénario :* d'après le vaudeville de Paul Gavault. *Avec :* Jacqueline Francell, Michèle Verly, Pierre Bertin, André Dubosc, Simone Simon, Jean Gobet, Gildès.

FANNY (1932)
Réalisation : Marc Allégret. *Scénario et dialogues :* Marcel Pagnol, d'après sa pièce. *Avec :* Orane Demazis, Charpin, Alida Rouffe, Robert Vattier, Maupi, Pierre Fresnay, Milly Mathis, Édouard Delmont, Pierre Prévert.

LES GAIETÉS DE L'ESCADRON (1932)
Réalisation : Maurice Tourneur. *Scénario :* Georges Dolley, d'après la pièce de Georges Courteline tirée de son roman. *Avec :* Jean Gabin, Fernandel, Henri Roussel, Mady Berry, Ketty Pierson, Jacqueline Brizard, Charles Camus, Pierre Dac.

CHARLEMAGNE (1933)
Réalisation : Pierre Colombier. *Scénario et dialogues :* Yves Mirande. *Avec :* Marie Glory, Léon Bélières,

Jean Dax, Lucien Baroux, Gaston Jacquet, Auguste Mourriès, Pierre Piérade.

THÉODORE ET CIE (1933).
Réalisation : Pierre Colombier. *Scénario :* René Pujol, d'après la comédie de Nicholas Nancey et Paul Armont. *Avec :* Albert Préjean, Alice Field, Félix Oudart, Pierre Alcover, Charles Redgie.

J'AI UNE IDÉE (1934)
Réalisation : Roger Richebé. *Scénario :* d'après la comédie *Tons of Money* de Wainwright, Evans et Valentine. *Avec :* Christiane Delyne, Simone Deguyse, Nana Germon, Félix Oudart, Henri Poupon, Georges Morton.

CES MESSIEURS DE LA SANTÉ (1934)
Réalisation : Pierre Colombier. *Scénario et dialogues :* Paul Armont et Léopold Marchand, d'après leur pièce. *Avec :* Edwidge Feuillère, Lucien Baroux, Pauline Carton, Pierre Stéphen, Paul Amiot, Georges Mauloy.

TARTARIN DE TARASCON (1934)
Réalisation : Raymond Bernard. *Scénario :* d'après le roman d'Alphonse Daudet. *Dialogues :* Marcel Pagnol. *Avec :* Charpin, Paul Olivier, Saint-Granier, Jenny Hélia, Jean d'Yd, Milly Mathis, Maupi, Blanche Poupon, Auguste Mourriès, Louis Kerly, Max Andrès.

MINUIT PLACE PIGALE (1935)
Réalisation : Roger Richebé. *Scénario :* d'après le roman de Maurice Dekobra. *Dialogues :* Henri Falk. *Avec :* Ginette Leclerc, Colette Darfeuil, Lyne Clevers, Maupi, Roger Tréville, Hélène Robert, Auguste Mourriès, Lucien Raimbourg.

L'ÉCOLE DES COCOTTES (1935)
Réalisation : Pierre Colombier. *Scénario :* d'après la pièce de Paul Armont et Marcel Gerbidon. *Avec :* Renée Saint-Cyr, Henri Roussel, André Lefaur, Pauline Carton, Madeleine Suffel, Jean Marconi, Ginette Leclerc, Auguste Mourriès, Georges Tréville, Andrée Doria.

GASPARD DE BESSE (1935)
Réalisation : André Hugon. *Scénario et dialogues :* Carlo Rim, d'après le roman de Jean Aicard. *Avec :* Antonin Berval, Nicole Vattier, Milly Mathis, Robert Vattier, Antoine Balpêtré, Maupi, Paul Amiot, Pierre Juvenet.

LE ROI (1936)
Réalisation : Pierre Colombier. *Scénario* : d'après la comédie de Gaston Arman de Caillavet, Paul Arène et Robert de Flers. *Adaptation et dialogues :* Louis Verneuil. *Avec :* Gaby Morlay, André Lefaur, Victor Francen, Elvire Popesco, Duvallès, Paul Amiot, Jean Gobet, Anthony Gildès, Philippe Hersent, Georges Péclet, Hélène Robert, Gaston Dubosc.

LE SECRET DE POLICHINELLE (1936)
Réalisation : André Berthomieu. *Scénario* : d'après la pièce de Pierre Wolff. *Adaptation et dialogues :* Charles Spaak. *Avec :* Françoise Rosay, Alerme, Janine Crispin, Bernard Lancret, Gaston Dubosc, Alain Michel, Jean Diener, Cécile Didier.

FAISONS UN RÊVE (1936)
Réalisation, scénario et dialogues : Sacha Guitry, d'après sa pièce. *Avec :* Sacha Guitry, Jacqueline Delubac, Robert Seller, Louis Kerly, Andrée Guize,

Arletty, Marguerite Moreno, Claude Dauphin, André Lefaur.

CÉSAR (1936)
Réalisation, adaptation et dialogues : Marcel Pagnol d'après sa pièce. *Avec :* Orane Demazis, Charpin, Pierre Fresnay, Robert Vattier, André Fouché, Édouard Delmont, Milly Mathis, Alida Rouffe, Paul Dullac, Maupi, Dourmel, Rellys, Thomeray, Jean Castan, Robert Bassac.

LES JUMEAUX DE BRIGHTON (1936)
Réalisation : Claude Heymann. *Scénario :* d'après la pièce de Tristan Bernard. *Adaptation* : Robert Bresson et Georges Friedland. *Dialogues* : Jean Alley. *Avec :* Michel Simon, Charlotte Lysès, Suzy Prim, Jean Tissier, Germaine Aussey, Maupi, Mila Parély, Madeleine Milhaud, René Génin.

LES ROIS DU SPORT (1937)
Réalisation : Pierre Colombier. *Scénario* : Jean Guitton. *Dialogues :* Henri Jeanson. *Avec :* Fernandel, Jules Berry, Lisette Lanvin, Nita Raya, Maupi, Dourmel, Julien Carette, Georges Flamant.

VOUS N'AVEZ RIEN A DÉCLARER (1937)
Réalisation : Léon Joannon. *Scénario :* d'après le vaudeville de Maurice Hennequin et Pierre Veber. *Adaptation :* Jean Aurenche et Yves Allégret. *Avec :* Saturnin Fabre, Pierre Brasseur, Germaine Aussy, Alerme, René Génin, Sylvia Bataille, Pauline Carton, Maupi, Georgius, Henri Guisol, Marguerite Templey.

LA CHASTE SUZANNE (1937)
Réalisation : André Berthomieu. *Scénario :* d'après

l'opérette de Jean Gilbert, elle-même tirée de la pièce d'Anthony Mars et Maurice Desvalières, *Fils à Papa.* *Dialogues :* Jean Boyer. *Avec :* Meg Lemonnier, Henri Garat, Blanchette Brunoy, Anthony Gildès.

UN CARNET DE BAL (1937)
Réalisation : Julien Duvivier. Film à sketches. *Scénario* : Julien Duvivier. *Adaptation :* Julien Duvivier, Jean Sarment, Pierre Wolff, Yves Mirande, Bernard Zimmer. *Dialogues :* Henri Jeanson, Jean Sarment, Bernard Zimmer. Meilleur film étranger à la Biennale de Venise en 1937. *Avec :* Milly Mathis, Marie Bell, Françoise Rosay, Fernandel, Louis Jouvet, Harry Baur, Pierre Blanchar, Pierre Alcover, Andrex, René Génin, Jeanne Fusier-Gir, Simone Gauthier, et Les petit chanteurs à la croix de bois.

LE FAUTEUIL 47 (1937)
Réalisation : Fernand Rivers. *Scénario* : Louis Verneuil, d'après sa pièce. *Avec :* Françoise Rosay, Henri Garat, André Lefaur, Denise Bosc.

LES PERLES DE LA COURONNE (1937)
Réalisation : Sacha Guitry, assisté de Christian-Jaque. *Scénario et dialogues* : Sacha Guitry. *Avec :* Sacha Guitry, Jacqueline Delubac, Cécile Sorel, Jean-Louis Barrault, Marguerite Moreno, Arletty, Renée Saint-Cyr, Pauline Carton, Dalio, Damia, Henri Crémieux, Gaston Dubosc, Anthony Gildès, Simone Renant, Germaine Aussey.

GRIBOUILLE (1937)
Réalisation : Marc Allégret *Scénario et dialogues* : Marcel Achard. *Avec :* Michèle Morgan, Gilbert Gil,

Jeanne Provost, Andrex, Jacques Gretillat, Jacques Baumer, Jacqueline Pacaud.

LA FEMME DU BOULANGER (1938)
Réalisation : Marcel Pagnol *Scénario, dialogues et adaptation* : Marcel Pagnol, d'après *Jean Le Bleu* de Jean Giono. *Musique* : Vincent Scotto. Prix International du cinéma, décerné aux États-Unis. Oscar de la meilleure interprétation masculine pour Raimu. *Avec :* Ginette Leclerc, Charpin, Robert Vattier, Édouard Delmont, Charles Moulin, Maupi, Paul Dullac, Alida Rouffe, Robert Bassac, Julien Maffre, Jean Castan.

LE HÉROS DE LA MARNE (1938)
Réalisation : André Hugon *Scénario* : d'après le roman d'André Hugon. *Adaptation :* Georges Fagot. *Dialogues :* Paul Achard. *Avec :* Germaine, Dermoz, Édouard Delmont, Bernard Lancret, Jacqueline Porel, Pierre Louis.

LES NOUVEAUX RICHES (1938)
Réalisation : André Berthomieu. *Adaptation et dialogues* : Roger Ferdinand, d'après la pièce de Charles d'Abadie et R. de Cesse. *Avec :* Michel Simon, Betty Stockfield, Fernand Fabre, Raymond Segard, Katia Lova, Gaston Dubosc, Maupi, Germaine Charley, Jean Joffre, René Bergeron.

L'ÉTRANGE MONSIEUR VICTOR (1938)
Réalisation : Jean Grémillon. *Scénario* : Albert Valentin. *Adaptation :* Charles Spaak. *Dialogues :* Charles Spaak et Marcel Achard. *Avec :* Madeleine Renaud, Viviane Romance, Pierre Blanchar, Andrex, Marcelle Géniat, Édouard Delmont, Georges Flamant, Maupi, Geneviève Guitry, Geneviève Chaplain.

L'HOMME QUI CHERCHE LA VÉRITÉ (1939)
Réalisation : Alexandre Esway. *Scénario et dialogues :* Pierre Wolff. *Avec :* Jacqueline Delubac, Gabrielle Dorziat, Alerme, Tramel, Jean Mercaton, Yvette Lebon, Suzanne Dehelly.

NOIX DE COCO (1939)
Réalisation : Jean Boyer. *Scénario et dialogues :* Marcel Achard, d'après sa pièce. *Avec :* Marie Bell, Michel Simon, Gilbert Gil, Junie Astor, Suzet Maïs, Gisèle Préville, Maupi.

MONSIEUR BROTONNEAU (1939)
Réalisation : Alexandre Esway. *Scénario et dialogues :* Marcel Pagnol, d'après la pièce de Robert de Flers et Gaston Arman de Caillavet. *Musique :* Vincent Scotto. *Avec :* Josette Day, Saturnin Fabre, Marguerite Pierry, Robert Vattier, Claire Gérard, Jean Temerson, Léon Bélières, Pierre Feuillère, Robert Bassac.

DERNIÈRE JEUNESSE (1939)
Réalisation : Jeff Musso. *Scénario et dialogues :* Liam O'Flaherty, d'après son roman *M. Gilhooley*. *Avec :* Jacqueline Delubac, Pierre Brasseur, Tramel, René Génin, Maupi, Alice Tissot, Héléna Manson, Rivers Cadet.

LA FILLE DU PUISATIER (1940)
Réalisation, scénario et dialogues : Marcel Pagnol. *Musique :* Vincent Scotto. *Avec :* Josette Day, Milly Mathis, Fernandel, Charpin, Maupi, Tramel, Line Noro, Georges Grey, Charles Blavette, Lucien Callamand.

LE DUEL (1941)
Réalisation : Pierre Fresnay. *Scénario et dialogues* : Henri-Georges Clouzot d'après la pièce d'Henri Lavedan. *Avec :* Yvonne Printemps, Raymond Rouleau, Pierre Fresnay, François Périer, Antoine Balpêtré.

PARADE EN SEPT NUITS (1941)
Réalisation : Marc Allégret. Film à sketches. *Scénario* : Jean Moravan et Marc Allégret. *Dialogues :* Marcel Achard, René Lefèvre et Carlo Rim. *Avec :* Jules Berry, Elvire Popesco, Jean-Louis Barrault, Micheline Presle, André Lefaur, Victor Boucher, Andrex, Noël Roquevert, Édouard Delmont, Pierre Alcover, Milly Mathis, Marguerite Pierry, Charles Blavette.

LES INCONNUS DANS LA MAISON (1942)
Réalisation : Henri Decoin. *Scénario* : d'après le roman de Georges Simenon. *Adaptation et dialogues :* Henri-Georges Clouzot. *Avec :* Juliette Faber, Jean Tissier, Jacques Grétillat, Héléna Manson, Jacques Baumer, Gabrielle Fontan, André Reybaz, Marcel Mouloudji, Noël Roquevert, Daniel Gélin, Jean Négroni. Avec la voix de Pierre Fresnay.

MONSIEUR LA SOURIS (1942)
Réalisation : Georges Lacombe. *Scénario* : d'après le roman de Georges Simenon. *Adaptation et dialogues :* Marcel Achard. *Musique :* Georges Auric. *Avec :* Aimé Clariond, Micheline Francey, Gilbert Gil, Marie Carlot, Paul Amiot, René Bergeron, Charles Granval, Pierre Jourdan, Raymond Aimos.

LES PETITS RIENS (1942)
Réalisation : Raymond Lebourbier. *Scénario* : Yves Mirande. *Musique :* Georges Auric. *Avec :* Fernandel,

Cécile Sorel, Jules Berry, Claude Dauphin, Suzy Prim, Janine Darcey, Yves Mirande, Andrex, Gérard Oury, Simone Berriau, Thérèse Dorny.

L'ARLÉSIENNE (1942)
Réalisation: Marc Allégret. *Scénario* : d'après l'œuvre d'Alphonse Daudet. *Adaptation et dialogues :* Marcel Achard. *Avec :* Gaby Morlay, Louis Jourdan, Giselle Pascal, Édouard Delmont, Charpin, Maupi, Charles Moulin, Henri Poupon.

LE BIENFAITEUR (1942)
Réalisation : Henri Decoin. *Scénario* : Ashelbé. *Adaptation* : Henri Decoin. *Dialogues* : Yves Mirande. *Musique* : Georges Van Parys. *Avec :* Suzy Prim, Pierre Larquey, Lucienne Delyle, Jacques Baumer, Charles Granval, Maupi, René Bergeron, Héléna Manson, Georges Colin.

LE COLONEL CHABERT (1943)
Réalisation : René Le Hénaff. *Scénario :* d'après le roman d'Honoré de Balzac. *Adaptation :* Pierre Benoît. *Avec :* Marie Bell, Aimé Clariond, Jacques Charron, Jacques Baumer, Fernand Fabre, Roger Blin, André Varenne.

UNTEL PÈRE ET FILS (1945)
Réalisation : Julien Duvivier. *Scénario* : Marcel Achard, Charles Spaak, Julien Duvivier. *Dialogues :* Marcel Achard, Charles Spaak. *Musique :* Jean Wiener. *Avec :* Louis Jouvet, Michèle Morgan, Suzy Prim, Renée Devillers, Robert Le Vigan, Jean Mercaton, Lucien Nat, Fernand Ledoux, Dora Doll. Avec la voix de Charles Boyer.

LES GUEUX AU PARADIS (1946)
Réalisation : René Le Hénaff. *Scénario, adaptation et dialogues* : André Obey, d'après la pièce de Gaston-Marie Mertens. *Avec :* Fernandel, Armand Bernard, Alerme, Gaby Andreu, Michèle Philippe, Maupi.

L'HOMME AU CHAPEAU ROND (1946)
Réalisation : Pierre Billon. *Scénario, adaptation et dialogues* : Charles Spaak et Pierre Brive, d'après le roman de Dostoïevski, *L'Éternel Mari. Avec :* Aimé Clariond, Louis Seigner, Lucy Valnor, Gisèle Casadesus, Micheline Boudet, Héléna Manson, Jane Marken, Arlette Méry.

1. La date qui figure ici n'est pas celle du tournage. Elle indique l'année de la première présentation du film.

Bibliographie

— Barrot (Olivier), *L'Écran français 1943-1953,* Les éditeurs français réunis, 1981.

— Barrot (Olivier) et Losfeld (Éric), *Les Français et leur cinéma, 1930-1939,* Maison des Arts et de la Culture de Créteil, 1973.

— Brun (Paulette), *Raimu mon père,* Hachette, 1980.

— Brun (Paulette), *Raimu,* Éditions Alain Lefevre, 1982.

— Castans (Raymond), *Marcel Pagnol,* Lattès, 1987.

— Castans (Raymond), *Fernandel m'a raconté,* La Table Ronde, 1976.

— Fronval (Georges), *Raimu, sa vie, ses films,* Rizzoli, 1939.

— Guillaume (Gilbert), *Mes missions face à l'Abwehr, 1938-1945,* tome II, Plon, 1973.

— Lenoir (Jacqueline), *L'Histoire fabuleuse du Casino de Paris,* Presses de la Cité, 1968.

— Leprohon (Pierre), *Raimu, Anthologie du cinéma,* tome V, *L'Avant-Scène.*

— Mayol (Félix), *Mémoires* recueillis par Charles Cluny, Louis Querelle, 1929.

— Olivier (Paul), *Raimu ou la vie de César*, Fournier-Valdès, 1947.

— Olivier (Paul), *Raimu ou l'épopée de César*, France-Empire, 1977.

— Périsset (Maurice), *Raimu*, Denoël, collection Étoiles, 1972.

— Périsset (Maurice), *Raimu*, mis en images par André Bernard, Solar, 1976.

— Régent (Roger), *Raimu*, Chavane, 1950.

— Rim (Carlo), *Fernandel*, Calmann-Lévy, 1952.

— Saint-Cyr (Renée), *Le Temps de vivre*, Plon, 1967.

— Soupault (Philippe), *Écrits de cinéma, 1918-1931*, Plon, 1979.

ARTICLES DE JOURNAUX

— *Cinémonde*, n° 107, 6 novembre 1930 : « Raimu m'a parlé ». Signé Chantal.

— *L'Europe Nouvelle*, n° 716, 31 octobre 1931.

— *Le Figaro*, 9 mars 1928 : « Répétitions générales. Au théâtre de Paris : Marius ». Signé James de Coquet.

— 24 et 31 août 1963 : série intitulée « Souvenirs de Marcel Pagnol ».

— 7 septembre 1963 : « Raimu par Pagnol ».

— 13 septembre 1976 : « Raimu jusqu'aux larmes ». Signé Renaud Matignon.

— *Historama*. Hors série, n° 35, sans date : « Des héros inconnus ». Signé Roland Saunier.

— *L'Intransigeant*, 6 janvier 1932 : « Raimu acteur de cinéma ». Signé Jean Barreyre.

— *Le Nouvel Observateur,* 9 décembre 1983 : « Jules-César aurait cent ans ». Signé Pierre Ajame.

— *Pour vous,* n° 162, 24 décembre 1931 : « Pourquoi l'acteur et le metteur en scène doivent étroitement collaborer ».

— *Télérama,* 17 septembre 1986 : « Le grand méchant Raimu ». Signé Jean-Luc Douin.

— *Le Nouvel Observateur*, 9 décembre 1983 « Jules César aurait cent ans », Signé Pierre Ajame.

— *Pour vous*, n° 162, 24 décembre 1931 : « Pourquoi l'acteur et le metteur en scène doivent étroitement collaborer ».

— *Cinémonde*, 17 septembre 1936 : « Le grand [illegible] Raimu », Signé Jean Car Douin.

index

C

D

E

I

J

K

L

M

Q

R

S

Achevé d'imprimer en août 1988
sur presse CAMERON
dans les ateliers de la S.E.P.C.
à Saint-Amand-Montrond (Cher)

N° d'Édition : 2144. N° d'Impression : 1675.
Dépôt légal : août 1988.
Imprimé en France

[illegible] d'imprimer en août 1993
sur presse CAMERON
dans les ateliers de la S.E.P.C.
à Saint-Amand-Montrond (Cher)

N° d'édition : 2144. N° d'impression : 1613.
Dépôt légal : août 1993.
Imprimé en France